首都经济贸易大学会计学科·青年学者文库

本书获得教育部人文社会科学基金（项目批准号：24YJC630111）的资助

ESG履责对企业高质量发展的影响研究

李甜甜 ◎ 著

中国财经出版传媒集团
中国财政经济出版社
北京

图书在版编目（CIP）数据

ESG履责对企业高质量发展的影响研究 / 李甜甜著. 北京 : 中国财政经济出版社, 2024. 12. -- (首都经济贸易大学会计学科·青年学者文库). -- ISBN 978-7-5223-3049-5

Ⅰ. F272.1

中国国家版本馆CIP数据核字第2024RS4127号

责任编辑：马　真　　责任校对：张　凡
封面设计：智点创意　　责任印制：史大鹏

ESG 履责对企业高质量发展的影响研究
ESG LÜZE DUI QIYE GAOZHILIANG FAZHAN DE YINGXIANG YANJIU

中国财政经济出版社 出版

URL：http：//www. cfeph. cn
E－mail：cfeph@ cfeph. cn

社址：北京市海淀区阜成路甲 28 号　邮政编码：100142
营销中心电话：010－88191522
天猫网店：中国财政经济出版社旗舰店
网址：https：//zgczjjcbs. tmall. com
中煤（北京）印务有限公司印刷　各地新华书店经销
成品尺寸：147mm×210mm　32 开　8. 125 印张　204 000 字
2024 年 12 月第 1 版　2024 年 12 月北京第 1 次印刷
定价：40. 00 元
ISBN 978－7－5223－3049－5
（图书出现印装问题，本社负责调换，电话：010－88190548）
本社质量投诉电话：010－88190744
打击盗版 举报热线：010－88191661　QQ：2242791300

前言

党的二十大报告提出，加快构建新发展格局，要着力推动高质量发展。高质量发展是全面建设社会主义现代化国家的首要任务，是中国式现代化的本质要求。习近平总书记多次强调："绿色发展是构建高质量现代化经济体系的必然要求"，向世界发出了"绿色治理"的铿锵之音。ESG 是一种关注企业环境（Environment）、社会（Social）和公司治理（Governance）因素的投资理念和企业评价标准，代表更加绿色可持续的发展理念，是中国的"绿色治理"，是实现高质量发展的有效举措和必然要求。已有研究主要聚焦于如何推动经济高质量发展，而关于企业高质量发展的研究却相对缺乏。企业高质量发展是经济高质量发展的微观表现，经济发展归根结底要通过作为经济活动主体的企业高质量发展来实现。因此，探究 ESG 对企业高质量发展的深层影响和作用机理，以期解读经济高质量发展的驱动因素且优化相关政策，对切实践行碳达峰、碳中和目标（以下简称"双碳"目标）、贯彻新发展理念具有很强的理论和现实意义。

高质量发展的内涵是系统的、多维的、动态的（金碚，2018）[1]。随着理论和实践的不断发展，企业高质量发展相关内涵和框架也在丰富和完善，党的二十大报告从以下几个方面为我们提供了重要指引：第一，加快发展方式绿色转型，是经济社会可持续发展的内在要求，也是高质量发展的重要标志；第二，着力提高全要素生产率，推动经济实现质的有效提升和量的合理增长；第三，健全资本市场功能，提高直接融资比重，守住不发生系统性风险底线。基于此，本书以 ESG 履责为出发点，借鉴已有研究，根据本书研究主题，选取绿色技术创新、全要素生产率，以及股票收益讨论企业高质量发展的特征和驱动因素，以期通过“创新发展—效率提升—价值增长”三个维度解读 ESG 赋能企业高质量发展。

本书以 2011—2020 年沪深两市 A 股上市公司为样本数据，通过理论分析与实证研究相结合，在梳理了 ESG 履责动机和影响效应、高质量发展内涵特征、绿色创新、全要素生产率和股票收益相关文献的基础上，根据资源基础观、信息不对称理论、声誉理论和利益相关者理论提出了 ESG 履责与企业高质量发展的理论分析框架。随后利用固定效应模型和混合 OLS 模型回归、中介效应方法实证分析 ESG 履责对企业高质量发展的影响关系和作用机理，基于“宏观—中观—微观”多维视角，探讨并检验 ESG 履责对企业高质量发展的异质性影响差异。其中，ESG 履责选取彭博（Bloomberg）数据库和商道融绿评级机构对中国上市公司 ESG 履责情况综合评分和分项评分，相关评分越高，说明企业履责情况越好。

本书的主要研究结论为：

（1）ESG 履责促进企业绿色创新水平提升。具体为，ESG 综合表现以及对环境、社会和公司治理三个维度的履责均显著促进了企业绿色创新。机制检验表明，ESG 履责可以通过增加企业现金流入、缓解融资约束，提升企业声誉，以及提高企业信息披露质量（分析师跟踪）促进绿色创新水平的提升。异质性检验发现，当企业处于高碳排放、环境规制压力和行业竞争压力较大以及企业人力资源基础（高管持股、高管学历层次）较好时，ESG 对绿色创新水平的提升效应更为凸显。该结论说明了 ESG 有助于企业缓解资源约束、建立良好声誉，并通过提升信息披露质量强化企业 ESG 履责的“信息效应”，进而促进企业绿色投资和长期价值创造，该结论为促进企业积极履责 ESG 以及切实践行绿色高质量发展提供重要依据。

（2）ESG 履责促进企业全要素生产率提升。具体为，ESG 综合表现以及对环境、社会的履责均显著促进了全要素生产率提升，而公司治理的效应相对较弱。机制检验表明，ESG 履责通过降本增效（提高企业创新投入和创新产出、降低成本费用），以及优化资源配置（缓解财务约束、降低非效率投资）促进其全要素生产率提升。异质性检验发现，当企业遭受极端气候风险冲击、处于高碳排放时，ESG 对全要素生产率的提升效应更为显著，尤其企业对社会、环境履责可发挥显著抵御气候风险作用；当企业属于非重污染行业、非国有企业，或自愿进行责任信息披露时，ESG 对全要素生产率的促进作用也更加凸显，进一步证实高质量和自愿性的 ESG 履责行为影响效应更大。该结论证实了企业 ESG 履责在践行绿色治理的同时有利于自身生产效率的提升，这为监管部门和学术界从低碳发展视角理解推动企业高质量发展的深层因素，为如何结合区域特征、行业性质和企业特点，差异化推进不同企业低碳减排或履行社会责任，提供了创新思路及有益政策依据。

（3）ESG 履责促进了股票价值增长，进而有力推动企业高质量发展。基于 ESG 履责吸引假说的机制检验显示，ESG 对股票收益的积极效应主要通过吸引机构投资者增持或进入发挥作用，而非市场投资者短期情绪所致，基于机构投资者异质性假说的机制检验显示，独立型机构投资者、外资持股发挥了显著中介效应，说明 ESG 履责主要吸引了与公司无明显商业关系的独立或境外机构投资者，进而促进股票累计收益率的提升。异质性检验发现，当公司所在地遭遇气候风险冲击或为高碳排放区域、所处行业为轻污染行业、非国有企业或公司在年报中披露环境信息时，ESG 履责对股票价值增长的促进效应更为显著。研究结论有助于市场参与者把握中国资本市场企业 ESG 履责的投资者偏好，企业 ESG 履责可获得专业投资者认同，体现了 ESG 投资理念下专业投资者可发挥价值引领作用，即市场上独立专业的机构投资者更认同高 ESG 公司，ESG 履责能够拓展企业融资渠道，为其价值增长提供重要动力。

以上主要研究结论在使用工具变量法、Heckman 两阶段模型和一阶差分模型、倾向得分匹配法（PSM）等缓解内生性问题，以及更换主回归模型、替换解释或被解释变量、改变样本范围（保留制造行业）及控制宏观经济和行业发展趋势等其他多种稳健性检验后，依然成立。

本书得到如下政策启示。

（1）强化企业 ESG 履责意识，持续推动 ESG 发展。随着低碳发展从“加分项”逐渐成为“必选项”，企业面临绿色低碳转型调整，引导企业对环境、社会、公司治理（ESG）各方主体责任的切实履行有助于市场形成新 ESG 友好型经济，助力“双碳”目标实现。

（2）强化认识 ESG 履责有效性及避险作用，助力金融支持可持续发展。气候风险等对资本市场带来不确定性冲击，本书研究指出企业 ESG 履责在遭遇极端气候变化时能发挥“避风港”作用，有助于监管部门理解 ESG 履责的避险作用，为其应对资本市场风险提供了新的思路。

（3）应充分发挥机构投资者价值引领作用，有助于促进资本市场走向成熟。机构投资者相较于其他投资者更善于利用企业 ESG 信息，基于多重利益相关者的研究发现 ESG 有效性的发挥主要得益于机构投资者的认同和关注，体现了 ESG 投资理念下机构投资者的市场引领作用，有助于培育资本市场成熟理性的投资理念，提高投资者对影响投资收益相关风险的识别意识，增强 ESG 履责企业和资本市场抗风险能力。

(4) 提升企业 ESG 信息披露质量和可信度。对企业而言，应充分发挥董事会领导和监督作用，通过设立 ESG 专门委员会为企业绿色发展提供专业支持；对监管部门而言，相关部门应立法规范 ESG 报告的编制和披露，促使上市公司 ESG 信息披露进一步规范化和合规化，同时可引入 ESG 报告独立鉴证机制（黄世忠，2022）[2]，对上市公司信息披露进行独立鉴证、有效监督，内外合力促进我国上市公司 ESG 信息披露快速良性发展；最后政策指引应引导 ESG 信息披露逐渐从自愿性向强制性转变，更清晰地界定相关披露责任、披露标准和披露边界，进一步提升 ESG 相关信息效用。

作　者

2024 年 12 月

目录

第1章 引　言

1.1 研究背景

党的二十大报告提出构建中国式现代化的重要战略目标，擘画了党和国家未来发展的重要战略任务和新篇章，其中高质量发展是全面建设社会主义现代化国家的首要任务，也是中国式现代化的本质要求。在2022年12月中央经济工作会议、2023年1月底二十届中央政治局第二次集体学习等系列会议中，习近平总书记均多次强调要着力推进高质量发展、实现有效推动经济质的提升和量的合理增长。党的二十大报告同时指出，党中央将绿色发展，促进人与自然和谐共生作为高质量发展的基本要求之一。以往研究从理论上指出绿色治理的本质在于重视环境与社会的治理，ESG是一种关注企业环境（Environment）、社会（Social）和公司治理（Governance）因素的投资理念和企业评价标准，代表更加绿色可持续的发展理念，是中国的"绿色治理"，是实现高质量发展的有效举措和必然要求。经济发展归根结底要通过作为经济活动主体的企业高质量发展来实现，因此，企业积极转型是经济步入高质量发展的内在诉求、有效措施和重要保障。

近年来，世界各国极端自然灾害事件频发，世界经济论坛《2020年全球风险报告》（*The Global Risks Report*，2020）显示，无论是发生概率最大，还是影响最大，十大风险中的极端天气事件都名列前茅。随着环境不确定性增加，气候变化会显著影响企业生产发展、市场稳定，主要原因在于气候变化会显著冲击生产经营，给企业带来物理风险、技术风险及监管风险（Ilhan et al.，2021）[3]，物理风险是气候变化对公司资产等可能产生的破坏性损害；技术风险指因气候变化对传统制造商技术创新上的冲击损失，如电动汽车可能取代传统燃油汽车；监管风险在于为应对气候风险出台的政策或法规变化会给投资者或公司带来相关成本。Stroebel 和 Wurgler（2021）[4]通过对 861 名金融学者、专业人士、公共部门监管机构及政策经济学家关于气候金融看法的调查得出，环境监管是未来 5 年企业与投资者面临的最大气候风险，但他们认为物理风险是未来 30 年的最大风险。如 2021 年 6～7 月美国、加拿大历史性高温干旱导致过千人死亡，同年 6 月西安人大提出的“退煤电”目标对当地煤电项目、行业产生重大影响，以及 7 月中下旬“郑州强降水”事件所致重大生命财产、经济损失等。因此，气候风险不但威胁到人类的生命财产安全，而且可能给企业正常生产经营、现金流、固定资产等带来较大冲击，阻碍经济发展，影响企业股票市场收益以及资本市场稳定性。这些均会促使监管部门和资本市场愈加重视企业绿色低碳发展及其对社会和环境的履责情况。在气候风险影响下，部分企业通过履行社会责任可能会广受瞩目，进而引起销量暴涨（如鸿星尔克、蜜雪冰城对河南抗洪救灾的捐赠）。以上现实背景说明为应对气候变化，ESG 已成为各界共同关注的重要问题，企业重视环境与社会责任可能会给企业生产经营、经济发展带来较显著的积极影响。

相较于欧美国家，我国 ESG 起步晚但发展快。欧美各国针对 ESG 相关法规和政策，从 ESG 发展理念、投资工具以及信息披露等诸多方面建立起了较为完善和丰富的体系。而 ESG 在中国资本市场的发展和相关学术研究，尚缺乏完整、系统、前沿的理论和经验证据。ESG 是衡量企业应对气候变化和碳排放方面信息披露的重要体现，其首要关注企业经营活动对生态环境造成的影响，与我国“双碳”目标和绿色发展理念高度一致。ESG 作为一种新型的投资理念，鼓励长期责任投资，强调企业在追求经济利益的同时，兼顾社会效益和环境效益的平衡。2006 年，上交所、深交所发布《上市公司社会责任指引》，此后 ESG 相关法规政策陆续出台，这些文件推动了 ESG 理念在我国的发展和普及，但国内 ESG 体系的建设依然不完善。2020 年“双碳”目标提出之后，我国 ESG 发展步入快车道。在 2021 年中国企业社会责任高峰论坛上，国务院发展研究中心金融所原所长张承惠表示：“ESG 理念所代表的可持续发展观与我国可持续发展战略及‘双碳’背景密切吻合，这要求我们在协助国家实现碳目标的同时抓住行业投资机遇。”同年 2 月，证监会发布的《上市公司投资者关系管理指引（征求意见稿）》纳入了 ESG 内容，并在 6 月底要求上市公司在年报中单设“第五节 环境与社会责任”。以上相关政策和指引使 ESG 在我国得到快速发展，ESG 理念强调绿色低碳可持续，积极践行 ESG 对提高上市公司发展质量具有重要意义。

要实现我国经济高质量发展，就要加快经济社会全面绿色低碳转型，推动创新变革、着力提高全要素生产率（伍中信和魏佳佳，2022 [5]）。已有研究主要聚焦于如何推动经济高质量发展，而关于企业高质量发展的研究却相对缺乏。企业高质量发展是经济高质量发展的微观表现（冯珏和黄解宇，2023）[6]，已有学者从创新（林志帆和龙小宁，2021[7]；王治和彭百川，2022[8]）、企业全要素生产率（伍中信和魏佳佳，2022[5]；王贞洁和王惠，2022[9]）等视角对企业高质量发展进行了研究，然而，目前对企业高质量发展的研究仍然不足（黄速建，2018[10]），指标选取相对单一，随着理论界和实务界对这一话题的逐渐关注，相关理念和框架也在逐步发展和完善。同时，ESG 当前的发展更赋予了时代的内涵，对作为履责主体的企业提出了新要求：其一，越来越多的市场参与者正在把企业 ESG 履责纳入企业可持续发展的衡量指标，企业通过对 ESG 各方主体责任的切实履行，形成可持续竞争优势，通过获取关键资源以实现绿色高质量发展；其二，宏观经济增长取决于微观层面企业生产率的提高（Giang et al.，2019[11]），生产效率的提高不但体现了企业的竞争能力，也是推动经济高质量发展和增长的关键因素（Castellacci，2008[12]；Kim et al.，2016[13]；Habib et al.，2019[14]）；其三，为实现金融支持实体经济发展，资本市场需引导金融资源支持绿色低碳企业发展，通过金融将资源配置到实体经济领域，为提高企业直接融资比重和价值增长提供原动力。基于此，本书以 ESG 履责为出发点，从“创新发展—效率提升—价值增长”三个维度，探究 ESG 对企业高质量发展的深层影响和作用机理，以期解读经济高质量发展的驱动因素，且优化相关政策对切实践行“双碳”目标、贯彻新发展理念具有很强的理论和现实意义。

1.2 研究意义

1.2.1 理论意义

第一，从“创新发展—效率提升—价值增长”三个维度探讨 ESG 如何赋能企业高质量发展，推动 ESG 履责与企业高质量发展关系的实证研究，拓展了企业高质量发展的研究范围。已有文献分析了企业 ESG 履责的积极效应，以及公司或行业因素对企业创新、全要素生产率和股票收益等的影响作用，但相关研究的文献尚显不足，特别基于企业高质量发展层面，探究其深层次影响的研究较为缺乏。为应对气候变化风险，满足“双碳”目标的战略要求，ESG 相关理念快速发展，企业高质量发展相关框架也在逐步发展和丰富，本书将企业环境、社会、公司治理活动和企业高质量发展联系到一起，从“创新发展—效率提升—价值增长”三个维度探讨ESG如何赋能企业高质量发展，为相关研究提供了新的视角。

第二，基于资源基础观、信息不对称理论、声誉理论和利益相关者理论解释了ESG对企业高质量发展的影响机理，丰富了相关理论和作用机制研究。以往研究多基于利益相关者视角探究企业ESG履责动机和相关影响效应，但相关研究较为单一，且对ESG对企业高质量发展的影响动机和影响路径并未深入研究，本书在此基础上，深入分析中国资本市场环境下企业ESG履责动因及投资者群体偏好，并通过多种理论视角揭示了ESG履责影响企业高质量发展的深层作用机理，丰富了现有理论和作用机制研究。

第三，基于“宏观—中观—微观”层面梳理影响企业ESG和高质量发展的潜在因素，丰富了现有文献研究。通过从气候风险、行业、公司特征多维因素拓展检验ESG履责对企业高质量发展的异质性影响差异，进一步探讨在何种情境下ESG能发挥更大的效应，总结提炼企业ESG赋能企业高质量发展的多维影响因素。尤其创新性地将气候风险因素进行量化并纳入重要考量，丰富和拓展气候风险相关研究，提供基于中国国情气候风险下ESG发展研究视角。目前，国内学术界对于气候风险的研究相对不足，对于气候风险下企业ESG的履责效果尚缺乏严谨和系统的理论分析。本书突破国外的相关研究内容和方法，基于中国资本市场环境，力图在现有文献基础上提出创新性研究思路。

1.2.2 现实意义

党和国家多次明确绿色低碳和高质量发展的重要性和必要性，提出“必须实现创新成为第一动力、绿色成为普遍形态的高质量发展，推动经济发展质量变革、效率变革、动力变革”的发展理念，我国经济增长形态朝着低碳排放的可持续方向发展已是大势所趋。促进经济高质量发展以及金融支持可持续发展，对作为履责主体的企业提出了迫切要求。本书通过分析 ESG 和企业高质量发展的内涵以及两者之间的关系规律，深入探讨 ESG 是否以及如何赋能企业高质量发展。

第一，选取“创新发展—效率提升—价值增长”三个维度，基于多个理论视角探究 ESG 对企业高质量发展的深层作用机理，有助于加深对企业高质量发展实现机理和路径的理解。首先，创新和绿色发展是我国“创新、协调、绿色、开放、共享”新发展理念的切实要求，探索 ESG 对企业创新发展的深层影响关系对丰富相关领域研究，促进企业积极履责 ESG 以及切实践行绿色高质量发展具有很强的现实意义；其次，生产效率的提高不但体现了企业的竞争能力，也是推动经济高质量发展和增长的关键因素（Castellacci，2008[12]；Kim et al.，2016[13]；Habib et al.，2019[14]），将 ESG 与企业效率提升结合进行研究，并从降本增效和资源配置方面着手梳理影响企业高质量发展的深层因素，有助于加深对企业高质量发展实现机理和路径的理解，为进一步推动经济高质量发展提供了重要政策依据；最后，实现金融支持“双碳”战略目标，服务实体经济高质量发展，是实现我国经济协调和共享发展的重要基础和必要保障。本书将企业股票价值增长纳入高质量分析框架，基于不同市场参与者视角探讨资本市场 ESG 投资者群体偏好，为提升企业高水平融资能力、增加直接融资比重和价值增长提供原动力，助力实现金融支持企业高质量发展。

第二，通过“宏观—中观—微观”层面的多维度分析，为如何结合区域特征、行业性质和企业特点，差异化推进不同企业高质量发展提供了创新思路及有益政策依据。对于目前尚存宏观能源效率不高、中观产业低碳化发展不足、微观制造业企业绿色管理欠佳等可能制约因素，本书基于“宏观—中观—微观”多维视角分析 ESG 对企业高质量发展的影响异质性：首先，宏观层面。后文纳入极端气候风险和碳排放压力等环境指标进行异质性检验，验证了企业 ESG 绩效可对冲灾难风险的不利影响，发挥缓解突发疫情或气候压力的作用。其次，中观层面。后文将行业污染情况和竞争性纳入异质性分析框架，有助于从行业层面把控ESG对企业高质量发展的影响差异。最后，微观层面。本书通过纳入公司产权性质、信息披露质量（是否自愿披露、分析师跟踪）以及人力资源因素进行异质性检验，有助于从企业层面通过内控外治促进高质量发展。

第三，有助于更为全面客观地认识企业ESG履责行为，研究为ESG相关制度完善提供经验证据。有助于市场多方面把控企业ESG履责的驱动因素和影响效应，研究发现ESG履责能够获得机构投资者认同，说明ESG理念下机构投资者的价值引领作用，增强资本市场抗风险能力，有助于促进资本市场走向成熟。同时，机构投资者相较于其他投资者更善于利用企业ESG信息，促进ESG信息披露良性发展，应提升企业ESG信息披露质量和可信度，进一步提升ESG相关信息效用。研究为宏观政策（金融政策、监管对策）制定和完善提供学术支持。

1.3 研究内容、方法及框架

1.3.1 研究内容

本书主要围绕ESG履责对企业高质量发展之间的关系和影响机理展开研究，全文共分为7章。

第1章，引言。本章首先从企业高质量发展、气候风险、绿色治理和ESG履责方面，介绍本书的研究背景和研究意义；在此基础上进一步界定了本书的研究方法、构建了研究内容和研究框架，为后续研究提供结构性思路；最后总结出本书选题的特色与创新。

第2章，文献综述。首先，结合选题详细梳理了国内外关于ESG定义、履责动机和影响效应的文献；其次，从概念、具体测度以及主要驱动因素或传导机制方面详细论述了高质量发展相关文献，在此基础上从宏观层面和微观企业层面梳理了企业绿色创新、生产效率相关文献，并从股票收益影响因素、投资者情绪与股票收益、机构投资者和股票收益三个方面详细论述了企业股票收益相关文献；最后，对文献进行了评述总结。

第 3 章，ESG 履责对企业高质量发展影响的分析框架。首先，从资源基础观、信息不对称理论、声誉理论和利益相关者理论阐述了企业 ESG 履责与高质量发展关系的理论基础；其次，从企业高质量发展的现状、ESG 发展现状以及 ESG 影响高质量发展的政策依据三个方面分析了 ESG 履责影响企业高质量发展的现实依据；再次，从绿色创新、全要素生产率和股票收益三个维度探讨了 ESG 履责影响企业高质量发展的作用机理；最后，对 ESG 履责影响企业高质量发展的异质性影响因素进行分析。根据本章上述分析构建了 ESG 履责对企业高质量发展影响的分析框架。

第 4 章，ESG 履责赋能企业创新发展——基于绿色技术创新视角的分析。首先，分别从企业 ESG 履责与绿色创新方面分析两者的作用关系并提出基准假设，进一步基于资源基础观、利益相关者理论、声誉理论和信息不对称理论分析两者间作用机理，从财务约束、企业声誉和信息披露质量三个方面提出作用机制研究假设；其次，检验其相关关系在宏观（区域碳排放、区域环境规制）、中观（行业竞争度）、微观（企业人力资源）层面影响中的差异；最后，根据理论分析和实证结果给予解释并得出研究结论。本章结论通过了内生性和其他多种稳健性检验。

第 5 章，ESG 履责赋能企业效率提升——基于全要素生产率视角的分析。首先，分别从企业 ESG 履责与全要素生产率方面分析两者的作用关系并提出基准假设，进一步基于资源基础观、利益相关者理论和信息不对称理论分析两者间作用机理，从降本增效和优化资源配置两方面提出作用机制研究假设；其次，检验其相关关系在宏观（区域气候风险、区域碳排放）、中观（重污染行业）、微观（企业产权性质、信息披露意愿）层面影响中的差异；最后，根据理论分析和实证结果给予解释并得出研究结论。本章结论通过了内生性和其他多种稳健性检验。

第6章，ESG履责赋能企业价值增长——基于异质性机构投资者认同度的分析。首先，本章探索了企业ESG履责与股票累计收益之间的关系，分析ESG履责在中国资本市场上的有效性提出基准假设；其次，根据ESG履责吸引假说及异质性机构投资者假说，从异质性机构投资者或市场投资者短期情绪多重视角，深入分析不同利益相关者对企业ESG履责的认同效果，以检验ESG履责有效性的作用机理；最后，进一步纳入区域气候环境、行业污染属性以及企业产权性质和环境信息披露方式探讨影响差异。本章结论通过了内生性和其他多种稳健性检验。

第7章，研究结论与政策启示。本章对理论与实证研究所得出的结论高度总结，并依据研究结论提出相应的政策启示。

1.3.2 研究方法

本书基于管理学、公司治理、计量经济学等学科，从文献回顾、理论分析和实证检验等方面对ESG履责与高质量发展之间的关系展开研究，采用了如下研究方法。

（1）理论分析法

第一，通过对企业ESG与高质量发展相关国内外研究文献进行系统检索、汇总分析，挖掘潜在的研究机会，并确定本书的研究方向；第二，通过梳理已有关于ESG履责、高质量发展、企业绿色创新、生产效率和股票收益相关文献，为企业ESG赋能高质量发展提供研究基础；第三，基于资源基础观、信息不对称理论、声誉理论和利益相关者理论，从多维度探索ESG履责赋能企业高质量发展的作用关系和影响机理，并基于“宏观—中观—微观”层面分析其影响异质性，为主要研究内容的因果逻辑、深层作用机理和多重影响因素提供理论支撑。

（2）实证研究法

第一，数据来源上，主要通过 Bloomberg、CSMAR、Wind、CNRDS 数据库等获取，研究中所使用公司数据的结构、特征以及样本分布情况，样本筛选过程，并对主要变量进行了描述性统计，报告了变量的均值、标准差和中位数等统计值。其中，采用 Pearson 相关系数分析，初步验证了解释变量（企业 ESG 履责）和被解释变量（高质量发展）之间的关系。第二，采用双向固定效应模型、混合 OLS 模型对企业 ESG 履责与绿色创新、ESG 履责与全要素生产率、ESG 履责与股票累计收益之间的关系进行多元回归分析，通过中介效应模型验证其影响的深层作用机理，进一步从“宏观—中观—微观”层面实证检验影响企业 ESG 和高质量发展的因素，并进行了两阶段工具变量法、倾向得分匹配法（PSM）、改变回归模型检验、改变解释变量或被解释变量的度量方式以及控制宏观经济和行业发展趋势等内生性和稳健性测试。

1.3.3 研究框架

本书的研究思路和研究框架如图 1－1、图 1－2 所示。

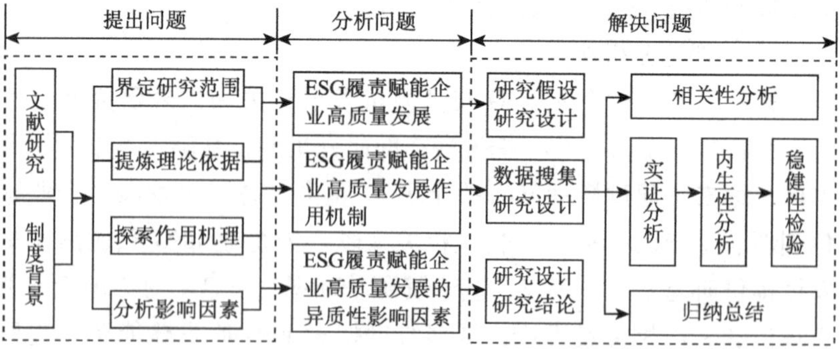

图 1－1　本书研究思路

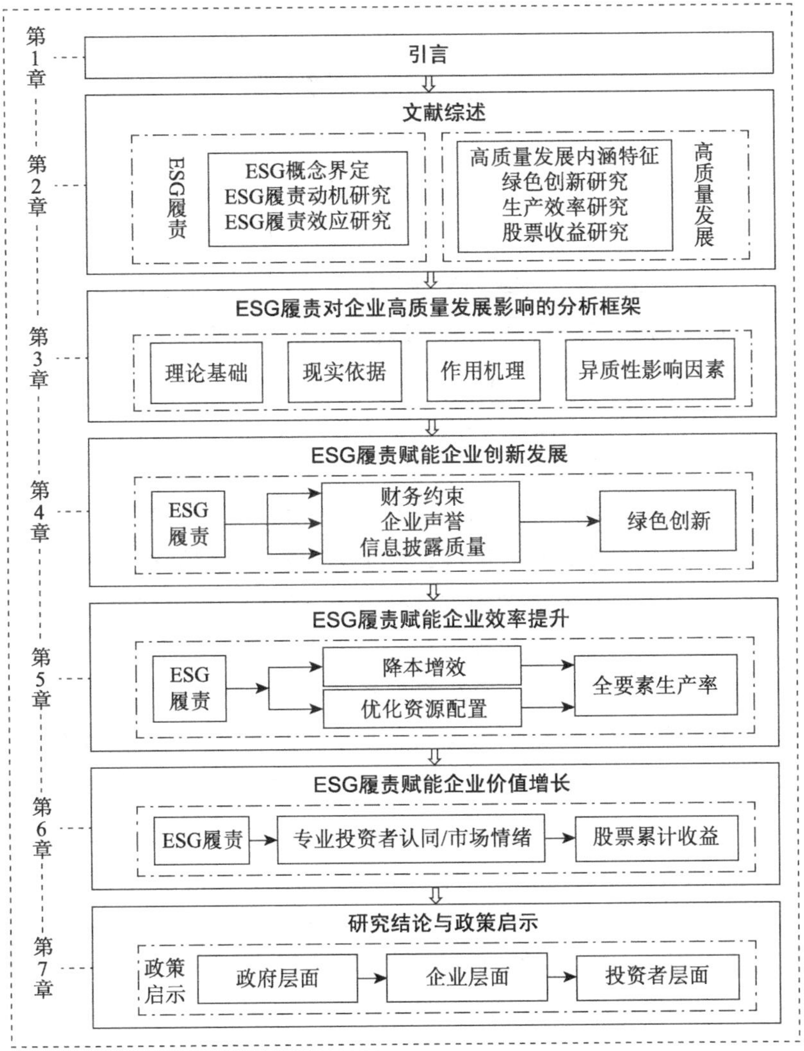
第1章
引言
第2章
文献综述
ESG履责
ESG概念界定
ESG履责动机研究
ESG履责效应研究
高质量发展内涵特征
绿色创新研究
生产效率研究
股票收益研究
高质量发展
第3章
ESG履责对企业高质量发展影响的分析框架
理论基础
现实依据
作用机理
异质性影响因素
第4章
ESG履责赋能企业创新发展
ESG履责
财务约束
企业声誉
信息披露质量
绿色创新
第5章
ESG履责赋能企业效率提升
ESG履责
降本增效
优化资源配置
全要素生产率
第6章
ESG履责赋能企业价值增长
ESG履责
专业投资者认同/市场情绪
股票累计收益
第7章
研究结论与政策启示
政策启示
政府层面
企业层面
投资者层面

图1-2 本书研究框架

1.4 研究创新点

本书基于“创新发展—效率提升—价值增长”三个维度，探索 ESG 履责是否以及如何影响企业高质量发展，基于资源基础观、信息不对称理论、声誉理论和利益相关者理论剖析其深层次作用机理，进一步从“宏观—中观—微观”不同层面影响因素分析其对企业 ESG 履责影响高质量发展的调节作用。

本书的创新之处主要体现在以下几个方面：

第一，从“创新发展—效率提升—价值增长”三个维度进行分析，拓展并丰富了企业高质量发展的研究。已有文献多从宏观视角对高质量发展进行综合测度，或聚焦于宏观经济、行业因素以及公司行为对高质量发展的影响进行研究，但相关研究较为单一，特别基于企业高质量发展层面，相关深层次、多维度剖析其特征和驱动因素的研究并不多见。高质量发展既包括创新等高质量的发展方式，也包括效率、协调、共享等高质量的发展状态，根据本书研究主题，基于“创新发展—效率提升—价值增长”三个维度选取绿色创新、生产效率和股票收益讨论企业高质量发展的特征和驱动因素，其中绿色创新体现了企业高质量的发展方式，生产效率和股票收益则体现出企业发展状态，即高质量生产能力和价值增长能力。本书研究视角新颖、研究内容丰富、研究设计完善，拓展了企业高质量发展的理论框架和实证研究。

第二，丰富了 ESG 履责动机和影响效应的研究。丰富了中国资本市场环境下企业 ESG 履责的股票市场效应以及作用机制研究，为金融支持高质量发展提供了重要参考。部分研究探讨了 ESG 对股票市场表现的影响，但鲜有研究聚焦于利益相关者视角，从不同市场参与者对 ESG 履责的认同度剖析市场反应的深层作用机理，本书通过对异质性机构投资者及市场投资者短期情绪进行机制检验，发现ESG有效性的发挥主要得益于专业投资者的认同和关注，而非短期的市场投资者情绪所致。印证了中国资本市场上ESG履责可吸引更多专业机构投资者，以提升高水平融资能力促进价值增长，同时，研究体现了ESG投资理念下机构投资者的市场引领作用，有助于培育资本市场成熟理性的投资理念，提高投资者对影响投资收益相关风险的识别意识，增强ESG履责企业和资本市场抗风险能力。本书从多重利益相关者视角探讨ESG履责的股票市场效应以及作用机制，丰富了ESG履责动机和影响效应的研究。

第三，基于“宏观—中观—微观”三个层面，拓展分析影响企业ESG和高质量发展的因素，丰富了现有文献研究。目前尚存宏观能源效率不高、中观产业低碳化发展不足、微观制造业企业环境管理欠佳等可能制约高质量发展的因素，因此，本书基于“宏观—中观—微观”三个层面，总结提炼ESG赋能企业高质量发展的多维影响因素，以进一步探讨何种情境下ESG能发挥更大的效应，不仅丰富了相关领域研究，也为如何结合区域特征、行业性质和企业特点，差异化推进企业绿色转型、切实践行高质量发展提供有益启示。尤其是创新性地将宏观气候风险量化纳入分析，得出了ESG履责的“避险”作用，本书突破国外的相关研究内容和方法，基于中国国情及资本市场环境，力图在现有文献基础上提出创新性研究思路。

1.5 本章小结

首先，本章介绍了文章的研究背景，初步讨论了企业ESG履责对高质量发展的影响情况。其次，从理论和现实两个方面阐述了本书的研究意义；在此基础上，利用理论分析法和实证研究法界定了本书的研究方法，进一步构建了研究内容和研究框架，为后续研究提供结构性思路。最后，总结出本书选题的主要创新点，不但拓宽了相关研究范围，也为 ESG 相关制度完善、企业高质量发展提供相关经验证据，为宏观政策（环境政策、金融政策、监管对策）制定和完善提供学术支持。

第2章 文献综述

2.1 ESG 履责相关文献

2.1.1 ESG 概念界定

ESG 起源于社会责任投资（SRI）。1992 年，联合国环境规划署金融倡议（UNEP FI）对金融机构提出倡议，希望能把环境、社会和公司治理因素纳入决策过程。2006 年，高盛发布的一份 ESG 研究报告中明确提出了 ESG 概念。此后，ESG 概念不断发展和深化，随着国际组织和机构投资者的重视，针对企业环境、社会和公司治理三个方面的表现，逐渐形成了系统的绩效评估方法和信息披露标准，ESG 理念体系得已形成，相关 ESG 投资产品也渐入市场主流实践。

相较于欧美国家，我国 ESG 起步晚但发展快。对于中国资本市场和学术研究，面对 ESG 责任投资这一西方舶来品，国内学术界和业界尚缺乏系统、完整、前沿的理论和实践研究。ESG 是衡量企业应对气候变化和碳排放方面信息披露的重要体现，其首要关注企业经营活动对生态环境造成的影响，与我国“双碳”目标和绿色发展理念高度一致。ESG 投资作为一种新型的投资方式，鼓励长期投资理念，强调企业在追求经济利益的同时兼顾社会效益和环境效益的平衡。2006 年，上交所、深交所发布《上市公司社会责任指引》，此后 ESG 相关法规和政策陆续出台，这些文件推动了 ESG 理念在我国的普及，但国内 ESG 体系的建设依然不完善。2016 年，国务院印发了《关于促进创业投资持续健康发展的若干意见》（国发〔2016〕53 号），提出“促进创业投资良性竞争和绿色发展，共同维护良好市场秩序，树立‘责任创投’价值理念”。2020 年“双碳”目标提出之后，我国 ESG 发展步入快车道。在 2021 年中国企业社会责任高峰论坛上，国务院发展研究中心金融所原所长张承惠表示：“ESG 理念所代表的可持续发展观与我国可持续发展战略及‘双碳’背景密切吻合，这要求我们在协助国家实现碳目标的同时抓住行业投资机遇。”同年 2 月，证监会发布《上市公司投资者关系管理指引（征求意见稿)》，纳入了 ESG 相关内容，并在 6 月底要求上市公司在年报中单设“第五节 环境与社会责任”。

因此，在我国一系列政策支持文件的指引下，ESG 当前在我国的发展更赋予了时代的内涵，ESG 是一种关注企业环境、社会和公司治理因素的投资理念和企业评价标准，代表更加绿色可持续的发展理念，与我国新发展理念、新发展阶段的要求不谋而合。企业通过对环境、社会、公司治理各方主体责任的切实履行获取更好的 ESG 表现。另外，针对企业 ESG 表现方面的评估促进了 ESG 评级的相关研究，针对中国企业进行 ESG 评级的第三方评级机构逐渐增多，相关评级方法和评级体系也在不断发展和完善（操群和许骞，2019[15]；张佳康，2019[16]）。ESG 评级的发展完善有助于强化 ESG 理念和企业的履责意识，助力政策落地实施。

2.1.2 ESG 履责的动机研究

已有关于 ESG 履责动机的研究主要聚焦于企业所在的市场特征，企业管理层特征，机构投资者持股，企业产权性质等。

关于企业所在的市场特征对 ESG 履责的影响，通常是基于公司地理位置的国家或州级特征，或公司所在行业的特征进行分析。Cai 等（2016）[17] 表明，国家特征差异的影响比企业特征更为显著，同时还强调了经济发展、法律和文化在这些差异中所起的作用；Liang 和 Renneboog（2017）[18] 认为，与政治制度、法规、社会偏好和企业自身的财务及运营绩效相比，法律渊源更能够预测企业 ESG 履责行为；Borghesi 等（2014）[19] 研究发现有些行业 ESG 表现高于平均水平，如消费品和计算机硬件；一些行业得分低于平均水平，如飞机、石油和天然气。在早期中国资本市场上，企业的社会责任管理主要受外部政策因素驱动（Wing – Hung et al.，2010[20]），政策导向下的信息披露会促使企业加强对环境问题的管理，发布环境信息的企业能显著改善其环境绩效。

大量文献研究了企业管理层特征与企业 ESG 活动的关系。Iliev 和 Roth（2021）[21] 研究了董事会对 ESG 的影响，研究发现在国际公司董事会任职的美国董事，当所在国际公司受到监管和年报要求变化时，他们会将信息传递给其所在的美国董事会，进而影响美国公司 ESG 表现，而这些变化主要集中在环境而不是社会表现上，而且环境方面的表现主要体现在“清洁”行业。Borghesi 等（2014）[19] 研究了董事性别对企业 ESG 投资行为的影响，研究表明，女性担任公司领导或董事会成员的美国公司 ESG 得分显著较高。也有研究从 CEO 年龄和 CEO 信心水平来进行分析，Borghesi 等（2014）[19] 得出结论，年轻的首席执行官更可能领导 ESG 得分更高的公司，McCarthy 等（2017）[22] 表明 CEO 信心与公司 ESG 绩效负相关，他们认为，这一结果归因于企业的 ESG 得分具有套期保值成分，而过度自信的 CEO 不太可能进行套期保值。

已有研究从机构投资者持股视角考察企业 ESG 表现。Hong 和 Kacperczyk（2009）[23] 表明，受社会约束的机构（如养老金）对不负社会责任的股票有厌恶情绪；Dyck 等（2019）[24] 发现机构投资者通过其股权所有权和参与度，影响企业提高其环境和社会绩效；

Kim 等（2019）[25]采用差异估计来检验当一家机构将其投资期限改为长期投资时，ESG 得分会增加；Gloßner（2019）[26]使用了长期投资者的 lead - lag 回归与其得出一致结论；Gollier 和 Pouget（2014）[27]、Dimson 等（2015）[28]研究表明投资者的行为增加了目标公司的 ESG 活动。然而，也有研究得出不同结论，Borghesi 等（2014）[19]发现机构所有权与企业的 ESG 得分负相关；Gillan 等（2010）[29]检验了在样本期内，当企业提高 ESG 得分时，机构所有权实际上在下降。总体而言，机构投资者所有权对 ESG 履责的影响结果尚未有定论，需要进一步考察这些投资者对其所持企业 ESG 活动的偏好和影响。正如 Starks 等（2017）[30]所指出的，机构投资者与 ESG 之间的关系可能是动态的，这表明未来的研究可能得出不同于现有文献的结论。

从企业产权性质出发，一些学者认为，环境或社会问题应该由政府而不是公司来管理，因为政府处理这些问题的能力很强。尤其是，国有企业可能更有能力应对市场失灵和外部性（Hart and Zingales，2017[31]）。Hsu 等（2021）[32]得出，国有企业比其他企业更关注环境和社会问题，尤其体现在能源企业和新兴经济体企业；McGuinness 等（2017）[33]通过对中国市场的研究表明，国有制与企业 ESG 之间呈现非线性关系，在国家持股较低时为负，而在国家持股较高时为正，关于产权性质的影响未来可望进一步研究。

其他关于企业 ESG 履责动机的研究如，Abeysekera 和 Fernando（2020）[34]假设家族企业和非家族企业在 ESG 的代理问题上有所不同，在环境投资决策中，美国家族企业比非家族企业对股东更负责任，这与 Gillan 等（2020）[35]的观点一致，后者基于瑞典企业的样本得出，家族企业迎合了投资者对环境（而非社会）投资的需求。

以上研究从宏观或中观层面（如区域经济发展、制度背景、行业特征）、公司治理层面（管理层特征、股权结构）、企业特征层面（产权性质）等对 ESG 履责的动机进行了分析，总体上外部环境较大地驱动了企业ESG履责，企业高层管理人员、自身产权属性或外部利益相关者也可能影响企业的ESG履责行为。

2.1.3 ESG履责的效应研究

Pedersen等（2021）[36]指出每只股票的环境、社会和治理（ESG）分数都扮演着两个角色：一是提供有关公司基本面的信息；二是影响投资者偏好。关于ESG履责对企业的影响效应，已有研究主要基于企业绩效和企业价值、融资成本、股票收益和市场风险等角度对其进行了探讨。

关于ESG履责对企业绩效和企业价值的影响效应尚未定论。有研究表明ESG表现可以促进公司价值的提升（B'enabou and Tirole，2010[37]；Fatemi et al.，2015[38]；Albuquerque et al.，2019[39]）；Servaes和Tamayo（2013）[40]研究发现，针对广告支出较高的企业，ESG/CSR的表现创造了价值；Liang和Renneboog（2017）[41]通过使用全球企业样本和工具变量方法，发现慈善捐赠会提升企业价值和运营绩效；张琳和赵海涛（2019）[42]研究表明，ESG履责显著促进企业价值提升，在非国有、规模较小以及非重污染行业企业中，该效应更为凸显；王思薇和姜黎黎（2021）[43]以中国煤炭上市公司为样本，研究得出ESG信息披露质量和环境表现均对煤炭上市公司价值具有显著正向影响；Ferrell等（2016）[44]发现ESG得分与公司价值之间存在正相关关系，拓展分析表明较高的ESG绩效会削弱管理层自利与企业价值之间的负相关关系。但也有研究持相反的研究结论，他们认为ESG履责可能反映代理问题，公司经理履责ESG是为了提高自身效用，而不是股东福利。Buchanan等（2018）[45]使用彭博ESG评级来衡量公司ESG水平，结果发现ESG过度投资导致得分较高ESG公司其价值下降幅度较大；基于委托代理理论，有研究认为，企业投资ESG是管理层获取利益、建立自身商业帝国的一种手段（权小锋等，2015）[46]；Masulis和Reza

(2015)[47]研究得出，股票市场对公司慈善捐款的宣布产生了负面反应。杨皖苏和杨善林（2016）[48]得出企业规模对 ESG 履责效应存在异质性差异，ESG 履责对企业财务绩效的积极效应在规模较大企业中更为显著。

对企业融资成本的影响方面。邱牧远和殷红（2019）[49]研究表明，ESG 不同维度的履责情况对企业融资成本的影响不同：企业对环境和公司治理方面履责能够显著降低其融资成本，而且环境责任表现的积极效应近年来不断凸显。沈洪涛和马正彪（2014）[50]研究表明良好的环境表现降低了企业背负巨额环境负债的概率，增加了债权人提供长期借款的意愿。进一步地，高杰英（2021）[51]研究得出 ESG 通过降低代理成本和缓解融资约束两个渠道降低了投资不足，进而对企业投资效率产生影响。

关于 ESG 履责对企业股票收益的研究，有研究基于利益相关者理论认为，越来越多投资者在投资决策时会考虑环境、社会和公司治理等方面问题（Starks et al.，2017[30]），企业发布对社会和环境等履责信息是为了满足投资者等信息需求，企业环境绩效与其股票收益存在显著相关关系（Busch and Hoffmann，2011[52]）。部分研究发现企业 ESG 得分与股票市场表现密切相关（Gibson et al.，2020[53]；Broadstock et al.，2021[54]）。

ESG 履责可以通过不同的渠道影响多种类型的风险，例如经营风险（Lins et al.，2017[55]；Albuquerque et al.，2019[39]），诉讼风险（Hong and Kacperczyk，2009[23]），公司特定法律风险（Hong and Liskovich，2015[56]）等。Jagannathan 等（2018）[57]比较同一投资者在不同投资组合中的头寸时，研究发现高 ESG 公司对近期表现不佳的销售敏感性显著降低。El Ghoul 等（2011）[58]指出，负责任的公司风险较低，因为相对于不负责任的公司，他们拥有更广泛的投资者基础，同时面临更低的诉讼风险，最终导致更低的资本成本（Hong and Kacperczyk，2009[23]）。ESG 实践也可以作为针对公司特定法律风险的保险，Hong 和 Liskovich（2015）[56] 认为具有较高 ESG 评级的公司从检察官处获得的和解更为宽大，并具有较高的市场估值。Oikonomou 等（2012）[59]、Albuquerque 等（2019）[39] 认为，高 ESG 公司应具有较低的系统性风险，对于产品差异化程度较高的公司，ESG 对系统风险的影响更强；B′enabou 和 Tirole（2010）[37] 研究得出 ESG 表现水平较高的公司在危机期间更具有弹性；Lin 等（2017）[55] 发现，在 2008—2009 年金融危机期间，高 ESG 企业比低 ESG 企业绩效要好，这与弹性论点一致；Hoepner 等（2018）[60] 证实 ESG 履责（特别是环境方面）可以降低公司的下行风险。Lins 等（2017）[55] 发现，在 2008—2009 年金融危机期间，高 ESG 企业比低 ESG 企业表现更好，在经济放缓期间，投资者更加关注公司的基本面（Lins et al.，2017[55]；Nofsinger et al.，2019[61]）。具有强大基本面和长期可持续性的公司预计将更有弹性，以有效的方式消除金融动荡（Pástor and Vorsatz，2020[62]）。因此，投资者对更安全的投资策略，如基于环境、社会和治理的投资策略（ESG）更加敏感，以防止他们在市场中面临下行风险（Coudert and Gex，2008[63]）。与记录 ESG 实践与各种类型风险之间负相关的研究不同，Becchetti 等（2015）[64] 的结果支持 ESG 增加企业特质风险（但同时降低利益相关者风险）的观点。

虽部分研究发现 ESG 履责可能会牺牲部分股东价值，对企业可能产生一定负面影响，但以上研究多数支持 ESG 履责能够显著提升企业绩效和公司价值、降低企业资本成本，促进股票收益提升，与股票市场表现密切相关，较高的 ESG 得分还能显著降低公司面临的法律风险和市场风险。

2.2 高质量发展相关文献

2.2.1 高质量发展内涵特征及相关文献

（1）高质量发展的核心内涵

党的二十大报告强调“高质量发展是全面建设社会主义现代化国家的首要任务”，高质量发展理念成为我国经济发展的必然历史选择，已引起学术界和实务界的广泛重视。因高质量发展是基于我国现有发展阶段提出的发展主题，具有鲜明中国特征，因此主要以国内研究为主。张军扩等（2019）[65]认为，高质量发展的核心内涵应包括高效、包容和可持续三个维度，王一鸣（2020）[66]将高质量发展特征界定为“质量追赶”“结构升级”“创新驱动”“共同富裕”和“绿色发展”，多数学者提出高质量发展是创新、协调、绿色、开放和共享共同组成的新发展理念（赵涛等，2020[67]；任晓猛等，2022[68]），该概念既包括“协调、绿色、共享”发展状况的高质量，也包括“创新、开放”发展方式的高质量。

（2）高质量发展测度、驱动因素和传导机制

与辜胜阻等（2018）[69]、张军扩等（2019）[65]、王一鸣（2020）[66]等的理论分析不同，部分研究实证分析了高质量发展的具体测度及其主要驱动因素或传导机制。在指标测度上，魏敏和李书昊（2018）[70]、赵涛等（2020）[67]、聂长飞和简新华（2020）[71]、杨耀武和张平（2021）[72]主要从国家、省市宏观层面，选取涵盖技术创新、产业结构、市场机制、资源配置、经济增长、区域协调、生产效率、生态文明等多个指标，以尽可能测度高质量发展的综合水平，发现我国各区域高质量发展呈现“东高、中平、西低”（魏敏和李书昊，2018[70]）特征，以上指标的测度多聚焦于高质量发展

状况评价；在高质量发展的主要驱动因素或作用机制上，已有研究认为环境信息披露水平的提高（伍中信和魏佳佳，2022[5]）、低碳城市试点政策（王贞洁和王惠，2022[9]）、企业数字责任的实施（杨栩和连志凤，2023[73]）能够显著促进企业高质量发展。另外，陈诗一和陈登科（2018）[74]以劳动生产率作为经济高质量发展的代理变量，考察了雾霾污染对其的影响，认为人力资本和城市化是重要传导机制，推动了企业高质量发展；林志帆和龙小宁（2021）[7]研究表明，以研发创新作为企业高质量发展的重要驱动因素，得出社会资本投资能帮助企业获取稀缺资源而有利于研发创新，但由于稀缺资源的供给是相对固定的，说明依赖社会资本并非企业高质量发展的长久之策；赵宸宇等（2021）[75]研究发现数字化转型可通过提升企业创新能力、优化人力资本结构、推动产业融合以及降低成本等路径，进而提升企业全要素生产率，促进企业高质量发展；毛新述等（2023）[76]认为，高管薪酬职务倒挂抑制了国有企业创新活动，不利于企业高质量发展。以上文献主要将高质量发展聚焦于生产效率或企业创新，从高质量发展状况和发展方式方面评价了其驱动因素，并多将人力资本、创新活动、产业融合或成本等因素视为影响高质量发展的主要传导机制。

（3）高质量发展内涵特征及相关文献小结

已有文献从理论上界定了高质量发展的内涵和特征，实证上多从宏观视角对高质量发展进行综合测度，从宏观或微观视角研究了高质量发展的驱动因素和作用机制。但学术界关于高质量发展的测度并没有形成完全的统一，总体上，高质量发展既包括创新等高质量的发展方式，也包括效率、协调、共享等高质量的发展状态，金碚（2018）[1]认为高质量发展的内涵是系统的、多维的、动态的。随着理论和实践的不断发展，高质量发展相关内涵和框架也在丰富和完善，党的二十大报告从以下几个方面为我们提供了重要指引：第一，加快发展方式绿色转型，是经济社会可持续发展的内在要求，也是高质量发展的重要标志；第二，着力提高全要素生产率，推动经济实现质的有效提升和量的合理增长；第三，健全资本市场功能，提高直接融资比重，守住不发生系统性风险底线。

借鉴已有研究和政策指引，根据本书研究主题，选取绿色创新、全要素生产率和股票收益进一步讨论企业高质量发展的特征和驱动因素，其中绿色创新体现了企业高质量的发展方式，生产效率和股票收益则体现出企业发展状态，即高质量生产能力和价值增长能力（见图 2－1）。

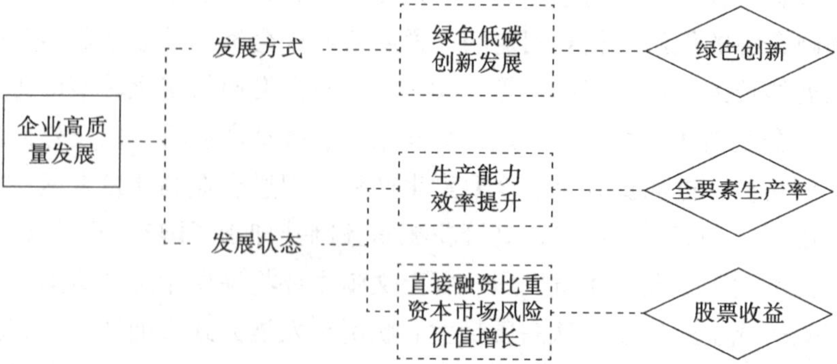

图 2－1　企业高质量发展的衡量

因此，接下来将从绿色创新、全要素生产率和股票收益三个维度进行文献梳理分析。

2.2.2　企业绿色创新相关文献

（1）宏观层面绿色创新影响因素

推动企业绿色发展和技术创新是我国“创新、协调、绿色、开放、共享”新发展理念的切实要求。高质量发展是体现新发展理念的发展，随着环境问题越来越普遍，企业正在采取更积极主动的环境管理方法。从长远来看，在生产活动中运用绿色创新技术是实现绿色高质量发展的关键（Du et al.，2021）[77]。已有基于宏观层面的研究发现，资本市场开放政策可以对企业绿色创新带来积极效应（Sha et al.，2022[78]）。根据制度导向理论的研究认为，合理的环境监管可以激励企业从事绿色创新活动（Porter，1991[79]）。刘金科和肖翊阳（2022）[80]认为环境保护税改革有效促进了企业绿色创新活动；于连超等（2019）[81]认为环境税对企业绿色技术创新的促进作用具有滞后性。有研究从财政补贴和税收激励视角进行了分析：在制定环境监管政策时，政府经常在早期协助支持降低企业创新和研发成本的措施，从而提高企业的创新积极性（Cheng et al.，2023[82]）。根据2013年出台的《空气污染防治行动计划》（APPCAP），政府会采取惩罚和奖励的措施实现节能减排目标。相关的激励措施，如奖励高能效和低排放的企业，允许高科技企业和有环保项目的企业享受企业所得税激励，以及为空气污染控制项目提供财政支持，这些在刺激绿色创新方面发挥了积极和重要作用（Zhang，2022[83]）。然而，尽管政府提供相应的财政支持，但由于政府和企业之间的信息不对称，可能无法达到预期效果（Chen et al.，2020[84]）。除了税收激励和财政补贴等直接激励措施，政府还可以通过一些间接激励措施，如激发企业社会责任，促使企业进行绿色创新（Yuan and Cao，2022[85]）。

（2）微观层面绿色创新影响因素

基于利益相关者视角的研究认为在日益严重的污染和公众对环境保护关注的压力下，市场表现出对绿色产品的更高偏好和需求，从而导致企业会选择进行绿色创新（Derchi et al.，2023[86]；Zhang and Zhu，2019[87]）。一旦绿色技术应用于生产和产品，企业就可以打破对高污染传统生产的依赖，寻求绿色转型升级，创造企业发展的良性循环。基于资源基础观的研究认为企业拥有的资源基础是决定企业投资决策的重要因素（李青原和肖泽华，2020[88]），企业通过在生产经营过程中选择最优的投资组合，投放有限的要素资源以获取最大效益。由于创新活动通常具有高投资、耗时和巨大不确定性等缺陷，企业更倾向于在参与创新之前评估未来风险和收益（Brav et al. , 2018[89]）。因此，企业将选择在充足资金的保证下进行创新活动（Irfan et al. , 2022[90]）。当企业面临较大融资约束时，会削减研发支出和长期固定资产投资（沈红波等，2010[91]），资金不足等资源约束极大抑制了企业的创新活力和动力。影响企业绿色创新的另一个关键因素是人力资源（Barney and Arikan, 2005[92]；李青原和肖泽华，2020[88]），员工信息素养对技术知识和市场知识的吸收效果均有促进作用，促进企业内部创新能力的提升（王宗军和蒋振宇，2020[93]）。随着 ESG 的不断发展，有部分学者研究了 ESG 对企业创新/绿色创新的影响作用。张允萌（2021）[94]基于信息不对称理论和可持续发展理论，利用商道融绿评级数据研究得出 ESG 评级与企业绿色创新之间存在正相关关系；项东和魏荣建（2022）[95]认为媒体关注在 ESG 信息披露和企业绿色创新之间起到了中介作用。刘柏等（2022）[96]研究认为 ESG 评级软监管倒逼企业提高绿色创新数量，但是降低绿色创新质量。也有研究认为 ESG 会耗费企业资源（Cai et al. , 2016[97]），损害企业核心竞争力，减少企业价值投资行为；Krüger（2015）[98]认为 ESG 活动增加代理成本，管理者为提升私人声誉会加大责任投资，牺牲股东利益，增加公司风险，进而不利于企业投资创新活动。

（3）企业绿色创新相关文献小结

以上研究体现了绿色技术创新有助于企业创造核心竞争优势，促进企业绿色高质量发展，并发现宏观层面的资本市场开放、环境监管、财政补贴和税收激励等均有助于绿色创新的提升；微观层面的企业资源基础（财务资源、人力资源）、企业社会责任/ESG 信息披露等会对企业绿色创新产生影响。以上研究为本书理解绿色创新和高质量发展的重要关系、把握绿色创新的影响因素提供了重要文献依据。

2.2.3 企业生产效率相关文献

(1) 宏观层面生产效率影响因素

宏观经济增长与生产效率密切相关，当生产效率提升时，它会在资源不变的情况下产生更高的产出，从而推动宏观经济增长。全要素生产率被作为研究技术、制度和生产率变化对经济长期影响的一种关键指标，许多研究调查了全要素生产率对经济增长的重要贡献（Frantzen，2000[99]；Griffith et al.，2004[100]）。考虑到全要素生产率在经济增长中的重要性，了解其宏观影响因素至关重要。

早期研究解释了宏观技术发展、创新、人力资本等因素对促进全要素生产率提升和经济增长的重要作用。基于新古典增长理论的研究认为，持续的技术发展和创新是促进 GDP 增长的重要因素，也将促进全要素生产率提升，技术发展和创新可以解释绝大多数国家之间 GDP 存在差异的原因（Easterly and Levine，2001[101]），内生增长理论相关研究则认为生产率的提高与对人力资本和研发的投资有关，鼓励个人创新对提高全要素生产率发挥着重要作用（Hall and Jones，1999[102]）。在以上研究基础上，Sesay 等（2018）[103]采用内生增长模型，发现国家创新体系能促进全要素生产率提升，对经济增长的产生显著积极影响，Habib 等（2019）[14]根据 16 个国家跨国数据样本，研究发现人力资本、知识产权和研发支出是决定宏观层面全要素生产率变化的重要因素，不同的国家可以通过人力资本、研发活动、创新、贸易和对外投资获得更好的经济地位。Huang 等（2019）[104]基于中国省际面板数据的研究发现，技术创新本土研发投资在促进全要素生产率方面发挥着主导作用，除了出口，通过开放产生的技术溢出更有利于全要素生产率增长，余泳泽和张先轸（2015）[105]则提出我国各区域应结合地区要素禀赋、制度环境与经济发展进行适度创新，以提高区域全要素生产效率。

以上研究体现了全要素生产率对促进经济增长的重要作用，并发现宏观层面的技术发展、研发创新、人力资本、知识产权等均有助于全要素生产率提升，为本书理解全要素生产率和高质量发展的重要关系、厘清全要素生产率的影响因素提供了重要依据。

（2）微观企业生产效率影响因素

Giang 等（2019）[11]指出宏观经济增长也取决于微观企业生产效率的提高，企业生产效率是衡量企业竞争能力的重要指标。微观企业全要素生产率衡量为单位总投入的总产出，即是总产出与全要素投入的比率，不但体现了企业总生产量的增加，而且代表了企业的投入产出效率，是企业高质量发展的重要衡量标准。

部分研究从企业特征和财务视角讨论了微观企业全要素生产率的影响因素。在企业特征方面，已有研究发现公司规模（孙晓华和王昀，2014[106]）、企业年龄（Geylani and Stefanou，2013[107]）均会对企业生产率产生显著影响，发现公司规模与全要素生产率的正相关关系并不稳定，企业生产经验越丰富，其全要素生产率越高；在财务视角方面，Coricelli 等（2012）[108]发现了财务杠杆与企业层面的生产率增长之间的非线性关系，Satpathy 等（2017）[109]发现内部现金流和流动性对全要素生产率具有积极影响，而财务杠杆对全要素生产力具有消极影响。此外，Xiao 等（2022）[110]发现企业研发活动能显著提升企业全要素生产率，田磊和陆雪琴（2021）[111]提出减税降费能在一定程度上提高企业全要素生产率，适度增加政府消费份额也会产生积极作用，宋敏等（2021）[112]发现金融高科技发展通过缓解企业融资约束、提高信贷资源配置效率能显著促进企业全要素生产率提升，赵宸宇等（2021）[75]认为数字化转型主要通过提高创新能力、优化人力资本结构、推动产业融合以及降低成本多重机制，进而促进企业全要素生产率提升。

以上文献从企业特征、财务视角、宏观政策、科技发展等方面分析了企业全要素生产率的影响因素，多数认为较好的企业特质和财务表现会促进全要素生产率提升，同时发现研发创新、融资约束、生产成本等可能是影响全要素生产率的重要机制。

（3）企业生产效率相关文献小结

通过从宏观和微观层面梳理影响全要素生产率的因素可知，全要素生产率作为促进经济增长的重要指标，对经济高质量发展具有重要作用，一个国家或地区的技术发展、创新环境、知识产权、人力资本是影响全要素生产率的主要因素，而微观层面的全要素生产率不但受宏观政策、技术发展的影响，还受企业特征、财务状况等较多微观因素影响，以上研究为本书探讨企业 ESG 履责对全要素生产率的影响作用和机制提供了重要文献依据。

2.2.4　企业股票收益相关文献

（1）股票收益的影响因素

股票收益反映了市场中利益相关者对公司股票的认可度，是企业有效资源配置能力的重要体现，以及公司是否实现股东财富最大化目标的衡量标准。早期文献主要探讨了公司治理特征对股票收益的影响（Gompers et al.，2003[113]；Bauer et al.，2004[114]；Bebchuk et al.，2009[115]），发现治理良好的公司拥有更高的股票收益，其估值也更高，因此投资者会在投资决策过程中纳入公司治理因素以提高投资收益。多数研究从利益相关者理论出发，发现了企业社会责任或企业社会责任绩效对股票收益的积极影响（Tsai and Wu，2022[116]），Kitzmueller 和 Shimshack（2012）[117]将此原因描述为“公司对利益相关者利益的关注，会增加利益相关者以多种方式支持公司行动的意愿”，Kempf 和 Osthoff（2007）[118]也提出投资者在建立股票投资组合时通过考虑社会责任因素，能获取更高的股票异常收益。因此，以上文献多支持良好的公司治理或企业社会责任能得到利益相关者的关注和支持，企业利益相关者可从企业社会责任活动中获得利益，进而对股票收益产生积极影响。

近年来，越来越多的研究开始关注气候环境问题对股票收益的影响。Wang 和 Kutan（2013）[119]、Donadelli 等（2020）[120]的研究表明自然灾害对美国的股票收益及其波动性会产生不利影响，Hong 等（2019）[121]发现长期干旱给企业带来的生产风险会对食品行业股票收益产生负面影响，Ding 等（2021）[122]、Dharani 等（2023）[123]均发现新冠疫情导致股票收益显著下降，但这种影响在不同行业间存在较大差异。Wu 等（2018）[124]将研究重点聚焦于中国资本市场，研究了地级市以上重点城市的空气质量指数（AQI）以及这些城市重污染企业的股票收益率之间的相关性，发现重度空气污染对中国市场股票收益率有显著负面影响。部分研究将气候环境问题对股票收益的影响置于社会责任框架，Ding 等（2021）[122]提出对社会责任履行较好的公司，新冠病毒导致的股票收益下降相比其他公司更加温和，Garel 和 Petit－Romec（2021）[125]也发现在环境问题上采取负责任战略的公司会获得更好的股票收益，在新冠疫情期间，环境得分较高的公司更能获得高股票收益。以上研究较多地关注了自然灾害、新冠疫情等气候环境相关因素对股票收益的影响，发现气候环境问题会对股票收益产生显著负向影响，公司有较好的社会责任或环境表现能显著弱化以上负向影响，为本书进一步理解和考察 ESG 履责与股票收益之间的关系提供了重要参考依据。

一般而言，具有强大基本面和长期可持续性的公司预计将更有弹性，以有效的方式消除金融动荡（Lins et al.，2017[55]；Pástor and Vorsatz，2020[62]），因此应该对股票收益产生正向影响，但也有部分研究持相反结论。在积极效应上，Khan 等（2016）[126]通过对企业可持续性进行评级，提出可持续较好的公司其股票收益显著优于可持续性差的公司，Dimson 等（2015）[28]发现投资者成功（不成功）参与解决公司环境、社会和治理问题，能获得正（零）异常股票收益，Khan（2019）[127]认为不可持续的企业不可能为社会（包括环境）发展提供适当的长期收益（即股东的适当收益），公司的ESG表现对未来的股票回报表现具有信息价值，所以能对股票收益产生积极影响。在消极效应上，Hwang等（2022）[128]的研究结果显示企业社会责任活动的增加会降低股票收益，Di和Kostovetsky（2014）[129]发现企业社会责任评级的提高与未来股票回报率的负增长相关，并将其解释为“利益相关者从社会责任中获得的任何利益都是以公司价值为直接代价的”。

综上所述，较多研究发现公司治理、CSR/ESG是影响股票收益的重要因素，能显著促进股票收益提升，近年来开始有文献聚焦于气候环境因素对股票收益的影响，发现气候环境因素能对股票收益产生显著负向影响，但CSR/ESG能消除以上负向影响，支持了CSR/ESG对股票收益的正向影响结论，但也有文献认为企业进行CSR/ESG履责会损害公司利益，进而对股票收益产生不利影响。

（2）投资者情绪与股票收益

已有研究将投资者情绪视为驱动股票收益的直接因素，能在较大程度上解释股票收益率变动（Brown and Cliff，2005[130]）。部分文献将投资者情绪作为气候环境变化影响股收益的关键机制（Wu et al.，2018[124]），主要解释为气候环境变化会影响投资者的交易意愿，从而影响股票收益率。Ying等（2015）[131]使用百度搜索频率指数作为投资者关注度的衡量指标，发现投资者关注度对中国股市一周内的股票回报率有显著的积极影响，Corredor等（2013）[132]分析了投资者情绪对四个主要欧洲股市（法国、德国、西班牙和英国）的影响效应，发现投资者情绪对回报有显著影响，但在不同市场的影响程度有所差异。Jiang等（2019）[133]等使用了基于调查或文本数据的情绪指标作为散户投资者情绪的代理变量，他们发现散户投资者情绪与股票收益之间存在明显的负相关，尤其在2~3年更长的时间内，其主要解释为投资者情绪通过推动股价偏离内在价值而影响了股票长期收益。相比理性投资者，散户投资者可被视为是噪声交易者，其更易受心理偏见、市场情绪和吸引注意力事件

（如市场冲击）的影响（Barber and Odean，2008[134]；Kaniel et al.，2008[135]）。

以上关于投资者情绪和股票收益的研究结论尚存争议，一方面，投资者情绪代表着更多投资者的关注，会对股票收益产生显著积极影响；另一方面，不同股票市场的投资者情绪对股票收益影响可能存有差异，一些非理性情绪（如散户投资者）可能会使股票价格偏离其内在价值，而对股票收益产生负面影响，因此当股票市场没有充分认识到 ESG 的内在价值时，则公司进行 ESG 履责可能很难引起非理性投资者的积极关注，导致市场短期情绪可能对企业 ESG 履责信息的反应不足。

（3）机构投资者和股票收益

机构投资者通常被视为是非常重要的市场参与者，一般代表了专业投资者、具备信息优势，因此其更能识别公司内在价值，能对股票收益产生积极效应。已有研究记录了机构交易和股票收益之间的强烈正相关关系（Boyer and Zheng，2003[136]；Brown and Cliff，2005[130]），且能显著降低股票收益波动，发挥稳定市场作用（Bohl et al.，2009[137]）。其主要原因可能如下：从机构投资者情绪方面，Gao 等（2021）[138]提出因机构投资者具备信息优势，所以他们的情绪有利于股票回归其内在价值，包含有关公司潜在未来现金流的预测信息，可以增加股票收益的可预测性，对股票长期市场表现具有积极效应。故机构投资者持股更有利于长期股票收益，降低股票的投资风险；从监督职能方面，机构投资者作为积极的监督者，能显著促进公司治理水平提升，较高的机构持股比例会降低公司信息不对称性程度，促使公司向市场提供更多信息，进而有利于股票收益提升（Boone and White，2015[139]）。

部分文献分析了机构投资者持股对股票收益的间接影响。Ying 等（2015）[131]基于中国股票市场的研究则发现，投资者情绪会造成股票收益的短期波动，但较高的机构投资者持股会导致投资者情绪对股票收益的短期影响减弱，而对长期影响会更强，因此机构投资者有助于股价和股票收益的合理调整，从而提高新兴资本市场运行效率。Bushee 和 Noe（2000）[140]提出信息披露质量较高的公司能吸引更多机构投资者持股，进而会对股票收益产生积极影响。

也有文献强调了机构投资者异质性的重要性，即并非所有机构投资者"都具备同等的能力或动机成为积极的监督者"（Ferreira and Matos，2008[141]；Shi et al.，2020[142]），因为对被投资公司进行信息获取或监督的成本高昂，部分机构投资者并不能履行其管理职责（Chan et al.，2021[143]），Ferreira 和 Matos（2008）[141]的研究发现，只有外国和独立机构才会积极监督被投资公司，Kim 等（2021）[144]根据投资视野和投资组合集中度将机构投资者进行分类，经研究认为相对稳定和投资者组合集中度高的机构投资者更具有信息优势，进而有利于股票收益的可预测性。

（4）企业股票收益相关文献小结

以上文献为机构投资者持股对提高股票收益的积极影响提供了支持，从机构投资者情绪和监督职能方面解释了其影响原因，也有研究发现机构投资者在信息披露治理和股票收益间发挥了机制作用，但应同时考虑机构投资者异质性特征，外国投资者、独立、稳定或更谨慎的机构投资者更有动机积极监督被投资公司，进而发挥积极效应。以上研究为本书从机构投资者视角分析 ESG 履责对股票收益的影响机制提供了重要文献依据。

2.3　文献述评

学术界对于 ESG 履责动因和后果、企业高质量发展等方面有着既广泛又深入的研究，已取得丰硕成果。但本书在文献整理和思路梳理过程中发现尚存如下问题有待进一步探讨。

第一，对 ESG 履责促进企业绿色创新和生产效率提升方面的文献研究尚显不足。已有文献从企业绩效或公司价值、企业风险、股票市场表现等方面探讨了 ESG 履责的影响后果，但关于 ESG 履责是否驱动了企业绿色创新、提升全要素生产率方面则鲜有文献涉及。ESG 履责能对公司绩效、资本成本等方面均产生显著积极影响，企业在环境方面的表现也可以促使企业降本增效，而以上因素均可能驱动企业绿色创新、提升其生产效率。党的二十大报告将高质量发展列为实现中国式现代化的首要目标任务，为本书探讨企业绿色发展和效率提升提供了重要政策依据，因此分析 ESG 履责对企业绿色创新和全要素生产率提升是值得研究的重要话题。

第二，对 ESG 履责影响股票收益的深层作用机制尚待进一步检验。已有文献分析了 ESG 履责对股票收益的密切关系（Gibson et al.，2020[53]；Broadstock et al.，2021[54]），但多基于信息不对称视角讨论其作用机制，通过梳理已有文献，本书发现投资者情绪和机构投资者均与股票收益密切相关，而 ESG 履责可能引起投资者情绪波动或吸引较多机构投资者注意，这为本书基于机构投资者视角探讨 ESG 履责的影响后果提供了重要文献依据。根据已有研究，机构投资者被认为是应对气候环境风险的最强大的力量之一（Stroebel et al.，2021[145]），在新兴资本市场可发挥低碳引领作用，因此本书将机构投资者持股视为 ESG 履责影响股票收益的主要机制，可进一步补充 ESG 经济后果、机构投资者和气候环境风险相关文献，为监管部门健全资本市场功能、抵御风险等提供重要参考依据。

第三，尚未有研究基于极端气候风险、区域污染程度等气候风险分析企业 ESG 履责的效应变化。Stroebel 等（2021）[145]的调查结果显示，自然灾害、气候改变等冲击造成的物理风险是未来五年内投资者和公司面临的最大气候相关风险。投资者认为气候风险对其投资组合公司具有财务影响，所以对公司有更多的可持续性信息披露要求（Krueger et al.，2020[146]），因此 ESG 履责效果很可能在极大程度上受气候风险影响而产生差异。我国近年来日益重视“大力推进生态文明建设”等绿色发展理念，“碳达峰、碳中和”目标的提出进一步促使监管层和企业本身对环境问题的重视。因此从区域环境层面讨论极端气候风险、区域环境污染等多重情境下 ESG 履责对高质量发展的影响后果是有待补充的重要研究问题。

2.4　本章小结

首先，本章分别详细梳理了国内外关于 ESG 定义、履责动机和影响效应的文献；其次，从概念、具体测度以及主要驱动因素或传导机制方面详细论述了高质量发展相关文献，在此基础上从宏观层面和微观企业层面梳理了企业绿色创新、生产效率相关文献，并从股票收益影响因素、投资者情绪与股票收益、机构投资者和股票收益三个方面详细论述了企业股票收益相关文献；最后，对文献进行了评述总结。本书通过对企业 ESG 履责和高质量发展相关文献的梳理分析，为后文研究奠定基础，并形成重要参考依据。

第3章 ESG 履责对企业高质量发展影响的分析框架

基于前文系统梳理相关文献以及对高质量发展内涵的分析讨论，本章将从绿色创新、生产效率和股票收益三个维度探寻 ESG 履责影响企业高质量发展的分析框架。明确 ESG 履责和企业高质量的理论基础和现实依据，阐述分析 ESG 履责影响企业高质量发展的作用机理，以及基于“宏观—微观—中观”视角的异质性影响因素，以期搭建 ESG 履责通过“创新发展—效率提升—价值增长”三个方面影响企业高质量发展的分析框架。

3.1 ESG 履责影响企业高质量发展的理论基础

3.1.1 资源基础观

（1）经典的资源基础观

资源基础观是一种经典的管理理论，主要关注企业的资源和能力对于其竞争优势和长期成功的影响。在资源基础观中，资源被视为企业获取和维持竞争优势的基础，是企业长期发展的重要基石。Roberts 等（1977）[147]认为企业拥有的独特资源是其良好发展的关键因素。经典的资源基础观不仅包括资源的获取，也包括资源的有效利用和转化（Peteraf，1993[148]）。从资源的性质和获取角度分析，可包括以下几个方面：一是资源是企业竞争的核心，包括资金、技术、品牌、人才、专利等，这些资源可以帮助企业创造产品或服务的差异化，并提高企业的生产力和效率，Bromile 和 Rau (2016)[149]认为具有稀缺性和不易模仿性的资源往往更容易成为企业的核心竞争力；二是资源的来源多样化，企业可以通过自主开发、并购、联合开发等方式获取新的资源，以满足其业务需求和战略规划。从资源的利用方面分析，主要包括以下几个方面：一是资源投入需要考虑成本收益比，企业在投入资源之前需要考虑资源成本和预期收益之间的比较，以确保资源的有效利用和最大化价值；二是资源的整合和重组，企业应该充分整合和利用现有资源，同时也应该根据市场需求和战略规划灵活调整资源配置，以适应不同的环境和挑战。企业需要具备适应性、创新性和学习能力，以不断优化和提升其业务过程和管理体系，从而发挥资源的最大效益。另外，在资源基础观中，企业的资源可以分为可见资源和不可见资源。可见资源包括显性资产、财务资产等，容易被市场看到和评估；不可见资源包括专有技术、品牌知名度、员工知识和经验等，往往是难以复制和模仿的，因此更重要也更具有竞争力。在全球化、气候风险和不确定性加剧的环境下，资源基础观具有广泛的应用价值，企业的资源是其竞争优势和长期成功的基础，应强调资源获取、整合和优化的重要性，以及如何保护和延续其资源，以确保其持久竞争优势，促进高质量发展。

（2）本书研究与资源基础观的关系

绿色创新是实现企业高质量发展的重要方式，企业进行绿色创新的积极性容易受到企业固有资源的影响，资源基础较好的企业会更积极地开展创新活动。基于资源基础观，有研究认为企业对环境规制的反应取决于其对所拥有资源的依赖性（Östlund，1994[150]），企业对环保技术等环境治理方面的投入成为企业重要的战略性资源（胡曲应，2012[151]）。Qiu 等（2016）[152]表明，公司可以利用其

ESG/CSR 披露来表明外部各方无法观察到的信息，如向股东提供有关业绩、战略方向、能力等信息（Des Jardine et al.，2021[153]），而企业较好的 ESG/社会责任绩效及其有效披露可以为公司带来关键资源，创造竞争优势。本书基于资源基础观分析了 ESG 履责可通过资源积聚获取竞争优势，促进企业投资绿色创新，提高生产效率，进而对企业高质量发展产生积极影响。

3.1.2 信息不对称理论

（1）经典的信息不对称理论

信息不对称理论的研究于 20 世纪 90 年代在国外达到高峰，并逐渐成为经济学理论研究中最重要的领域。1989 年，随着中国信息经济学会的成立，该理论在国内迅速发展。在信息不对称的情况下，信息交换中就会出现逆向选择和道德风险，即信息的有利与不利双方都希望以特定的方式将各自的意愿传达给另一方。为了避免以上情况，在公司的外部传递信息中，一般采用三个主要的信号：公告利润、发放股利、发行融资。从经济学角度解释，有效资本市场的信息包含所有关于公司的已公开和未公开的信息，交易双方获取的信息一致。但实际资本市场并不是完全有效的，所以投资者在资本市场上获取的信息并不是公司的全部信息，因此，资本市场交易双方因获取的信息不一致而导致信息不对称现象的产生，此时，对于处于信息劣势的投资者来说，投资决策显得尤为重要（Fama，1980[154]）。一方面，公司内部掌握全部信息并可以进行选择性披露，包括披露范围、披露时间以及披露方式，进而通过信息管理对信息使用者产生一定的引导作用，以达到公司获取相关利益的目的，此种情况下可能会导致信息拥有者通过信息管理等手段为自身谋求利益而损害投资者利益。另一方面，企业通过信息披露来向外部信息使用者传递的各种信息，可以包括积极进行环境保护、主动承担社会责任、完善公司治理等相关非财务信息，帮助信息使用者更加全面地了解被投资企业，作出正确的投资决策。因此，增加企业信息披露范围、提升企业信息披露质量有助于缓解信息不对称，帮助市场参与者更好地识别企业的实际发展状况，一方面有利于其作出最优投资组合，另一方面有利于降低资本市场系统性风险，促进市场良性发展。

（2）本书研究与信息不对称理论的关系

信息不对称理论是研究信息披露的理论基础，企业信息披露分为财务信息披露和非财务信息披露（Dhaliwal et al.，2011[155]）。学术界关于非财务信息披露的关注大多始于企业社会责任（CSR）相关信息的披露（刘柏等，2022[96]），在此基础上，ESG 相关信息披露逐渐引起关注，完整的 ESG 信息披露使投资者清楚企业在环境、社会责任和公司治理方面的情况，更加愿意对企业投资，通过缓解信息不对称、降低资本成本等对企业产生一系列积极影响。本书基于信息不对称理论，研究 ESG 履责对企业高质量发展的影响，ESG 履责通过缓解信息不对称，降低企业资本成本等，进而对企业开展创新活动、生产效率方面产生积极影响；同时，Dhaliwal 等（2011）[155]研究得出 CSR 信息披露可以降低企业权益资本成本，可以吸引专业的机构投资者和分析师关注。ESG 信息披露可能通过吸引机构投资者和分析师关注，增加企业信息透明度，缓解投资者面临的信息不对称，进而影响企业价值增长。信息不对称理论为 ESG 履责和企业高质量发展研究奠定了理论基础。

3.1.3 声誉理论

（1）经典的声誉理论

在声誉理论研究形成之前，声誉概念就已经在社会生活中存在与实践了，亚当·斯密在 200 多年前提出声誉在保证契约顺利实施中起到重要作用。20 世纪 50 年代，声誉研究开始萌芽（Balmer，1998[156]）。20 世纪 80 年代开始，声誉被纳入经济学分析框架中，其在经济学中的重要意义在于当前绩效对未来收益的影响，并预示着声誉理论初步形成。20 世纪 90 年代初，声誉理论得到了极大的拓展和应用，并不断渗透到经济学的其他领域。从已有文献可知，声誉理论的发展可分为两条主线：一是个体声誉理论，即针对单个行为主体声誉的建立和维持所进行的研究；二是群体声誉或组织声誉，或被称为厂商声誉或企业声誉，即通过对一个组织如何建立声誉和维持进行的研究分析。个体声誉和企业声誉虽有明显差异，但也存在着必然联系。组织声誉理论随着现代企业理论的发展而兴起，其将组织视为一个声誉的载体，组织或企业为了追求未来收益，会努力创造并维持声誉，使其被社会信赖。Roberts 和 Dowling（2002）[157]、Deephouse（2000）[158]研究指出，企业声誉是企业重要的无形资产，可以为企业带来持续的竞争优势和组织绩效。在考察企业排名时，国外学术界从企业声誉出发，已经构建了较为完备的评价模型，并早于 1983 年开始将企业声誉这一指标纳入考察标准。目前，企业声誉研究引起学术界和企业界越来越多的关注，它的形成与企业的行为密切相关。如果企业经营道德规范、社会责任感强、产品质量高、服务优良等，那么就容易获得良好的声誉。相反，如果企业存在违法违规行为、产品质量差、客户服务不佳等问题，那么它就可能受到消费者、投资者和其他利益相关者负面评价，导致声誉下降。企业声誉理论在企业管理中具有重要的应用价值。企业可以通过营造良好的企业文化、实施道德规范、加强社会责任感、提高产品质量和服务水平等方式来增强企业的声誉。此外，企业还可以通过建立公正透明的沟通渠道、积极回应消费者和投资者关注的问题等方式来保护和提升自己的声誉。企业声誉理论在企业管理中具有重要的应用价值。因此，企业的声誉可以看作是消费者、投资者和其他利益相关者对该企业的信任程度和评价。一个好的声誉可以为企业带来更多的商机、更高的市场占有率和更强的品牌忠诚度，从而促进其持续发展。

（2）本书研究与声誉理论的关系

从ESG履责的角度来分析，企业积极践行ESG相关责任，不仅可以提高自身的社会责任感和可持续性，也有助于建立良好的企业声誉。首先，企业对环境的履责方面，企业通过采取措施减少对环境的影响，可以获得更高的环保评级，并树立其环境保护意识和责任感，从而提高企业的声誉；其次，社会责任方面，企业积极参与社区活动、提高员工福利、支持公益事业等，以回馈社会和促进社会发展，可以让企业在消费者和投资者心目中树立负责任的良好形象，从而提高企业的声誉；最后，公司治理方面，企业建立健全的治理结构和透明的财务报告机制，以确保公司的经营合规和保障股东权益，通过提高企业的信息透明度和治理水平，增强投资者信任和企业声誉。从企业高质量发展的角度来看，良好的声誉可以吸引更多的消费者和投资者，提高销售额和市场份额，助力企业在经营过程中追求高质量、可持续性和创新性的目标。另外，企业还可以通过良好的声誉吸引更多的优秀人才，进一步推动企业的高质量发展。因此，声誉理论为ESG履责促进企业高质量发展奠定了重要的理论基础。

3.1.4 利益相关者理论

（1）经典的利益相关者理论

利益相关者是指与企业存在一定利益关系的群体和个人，包括员工、股东及债权人、供应商等，也包括监管部门和社会媒体等。“利益相关者”一词最早由弗里曼1984年在《战略管理：利益相关者管理的分析方法》一书明确提出，在这之后，利益相关者理论受到了极大的重视和关注，逐渐被用于多个领域，并不断发展和成熟。利益相关者理论认为企业进行生产经营活动需要平衡好利益各方的价值诉求，企业的风险由利益相关者共同承担，这一观点与ESG的基本理念互相兼顾。利益相关者理论的先进性表现在不同于传统的股东至上理论，该理论认为公司利益是每一个利益相关者共同努力的结果，一个企业要想可持续发展，就要在追求企业利益的同时平衡各方相关者的利益。在企业生产经营过程中，管理层应当履行对股东的责任，增强投资者信心，通过吸引外部投资者资金为企业成长提供原动力；对员工的责任方面，应关注员工的工资、福利待遇、人文关怀等方面的要求，有助于吸引人才，为企业可持续发展创造核心竞争力，以及要满足对消费者的责任、对于产品质量的要求、社区对于环境方面的要求、政府对于纳税的要求等。企业注重利益相关者价值诉求，有利于强化与利益相关方的关系，为其生产发展提供支持。因此，企业追求高质量发展，不能只关注企业利润能否无限度最大，更要关注利益相关者的动态，保护生态环境、保障社会福利等也是企业需要关注的领域。

（2）本书研究与利益相关者理论的关系

企业 ESG 履责以企业利益相关者为出发点，考虑企业运营过程中是否满足利益相关者的价值诉求。利益相关者理论奠定了 ESG 发展的理论基础，为衡量企业的综合收益、实现可持续发展提供了新角度。基于利益相关者理论的研究指出，企业社会责任/ESG 表现强调企业为利益相关各方创造效益，有助于与多元利益相关方建立广泛而牢靠的联系，进而帮助企业获取多元化的创新资源（李井林等，2021[159]），促进生产效率提升。同时，利益相关者理论认为，企业发布对社会和环境等履责信息是为了满足投资者等信息需求，同时股票市场表现能体现出利益相关者认同度，是企业实现价值增长的重要原动力。利益相关者理论为 ESG 履责和企业高质量发展研究奠定了理论基础。

3.2 ESG履责影响企业高质量发展的现实依据

3.2.1 企业高质量发展的现状分析

企业是市场经济的主体，推动企业高质量发展能够为宏观经济高质量发展奠定坚实的微观基础。党的十八大以来，党中央切实贯彻新发展理念，着力推动经济发展质量变革、效率变革、动力变革，解决了许多长期没有解决的发展难题。整体来看，我国经济由高速增长阶段已转向高质量发展阶段，但依然存在发展不平衡不充分等问题，党的二十大报告指出，“我国发展进入战略机遇和风险挑战并存、不确定难预料因素增多的时期”，只有科学分析目前面临的问题，通过高质量发展解决这些问题，才能走向中国式现代化的坦途。当前，企业面临的国内外环境复杂多变，未来发展不确定性因素较多，各种“黑天鹅”“灰犀牛”事件随时可能发生，特别是气候风险等对全球经济和企业发展带来的冲击，一段时间以来我国企业发展遇到一些困难：一是资源、环境约束不断加大，企业面临转型压力。企业成本压力逐渐增加，需要提高治理水平降本增效以实现可持续发展。二是企业资源配置效率仍待进一步提升（张军扩等，2019[65]；任晓猛等，2022[68]）。投资不足或者过度投资，资源配置效率低下，将会影响企业高质量发展。三是企业核心科技创新能力有待提高（宁吉喆，2023[160]）。长期看，如何激励企业开展差异化的创新活动，同时增强创新驱动发展的转化效率，将是推动企业发展动力转换，实现高质量发展的关键所在。四是中小企业融资难融资贵问题仍然突出（任晓猛等，2022[68]），企业对资源的依赖性限制了企业的发展。五是企业所需专业人才供应不足，尤其是“战略设计人才”“技术研发人才”以及“国际化管理人才”

（李兰等，2023[161]）。

新时代推动企业高质量发展过程中问题、挑战和机遇并存。党的二十大报告指出，推动企业高质量发展，加快建设世界一流企业，是国家经济实力、科技实力和国际竞争力的重要体现。一是要加快绿色转型，走低碳可持续发展之路。二是提升技术变革的创新力。支持企业聚焦行业关键领域，突破核心技术瓶颈，以创新驱动发展。三是提升企业全球竞争力，增强企业资源配置和整合能力，实现资本、资源、技术、人才的高效配置。四是开放包容，增强企业国际化影响力。五是加快培育优秀人才队伍，尤其是提升优秀企业家的引领力，树立对人才的正向激励导向，推动人才成为创新发展主力军。高质量发展是体现新发展理念的发展，是全面建设社会主义现代化国家的基本路径，应坚持稳中求进、循序渐进、持续推进，实现高质量发展，续写新的时代篇章。

3.2.2 ESG 发展现状评价：基于上市公司 ESG 披露情况的分析

目前，我国上市公司责任信息披露仍待进一步完善，随着关于国内市场的 ESG 数据库逐渐丰富，相关评级方法也在不断发展，这些为研究提供了具备分析性和可用于行动的数据，以及未来的发展空间。本书基于彭博（Bloomberg）数据库提供的我国 A 股上市公司 ESG 综合评分情况，利用 Stata17.0 软件绘制了近 10 年披露 ESG 信息的企业规模变动趋势以及 ESG 评分的发展动态（见图 3－1、图 3－2）。由图 3－1 可知，参与 ESG 信息披露的公司数量 10 年来递增，在 2014 年后陡增，原因很可能在于 2013 年、2014 年国家关于社会责任履行的相关政策指引。但是至 2020 年底，总披露数依然不足 A 股上市公司数（4138 家）的 1/3，ESG 履责面临机遇和挑战。由图 3－2 可知，无论是 ESG 得分总数还是平均数均呈逐年递增趋势，ESG 履责体现长期主义发展观，在政策驱动及市场参与各方不断提升的关注度下，企业势必会更积极地进行 ESG 履责和相关信息披露，市场参与主体和 ESG 相关投资产品也将会更加丰富，为我国企业践行高质量发展提供切实可行的路径，这将有助于未来进行可持续性的、更加深入的拓展研究。

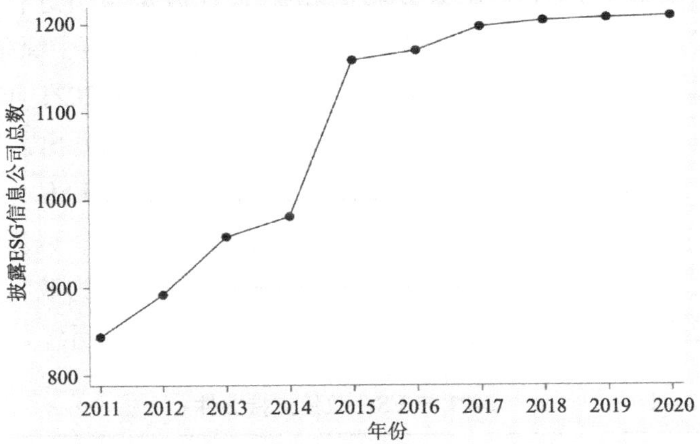

图 3－1　披露 ESG 信息公司规模趋势

注：数据来源于彭博（Bloomberg）数据库。

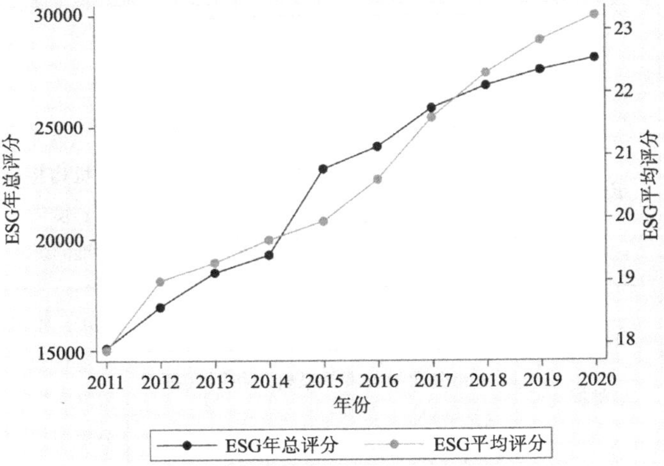

图 3－2　ESG 评分（年总评分和平均评分）趋势

注：数据来源于彭博（Bloomberg）数据库。

3.2.3 ESG 影响高质量发展的政策依据：基于 ESG 政策支持文件的分析

本书基于 2021 年国家发布的相关 ESG 政策指引进行盘点分析，借鉴商道融绿发布的相关主题，从“双碳引领、绿债扩容、信披提速、地方创新和国际接轨”五个方面总结了 2021 年国家的部分政策支持文件（见表 3－1）。从表 3－1 中可以看出，“绿色”“创新”“金融”“信息披露”以及“可持续”成为 ESG 主题的关键词，中国的 ESG 切实把握新发展阶段的时代特征，以新发展理念为根本指引，此背景下进行 ESG 相关研究有助于为政策实施提供参考依据，为企业可持续、高质量发展提供重要启示。

表 3－1　2021 年 ESG 政策支持文件

序号	关键词	政策文件	ESG 相关内容
1	双碳引领	《关于完整准确全面贯彻新发展理念做好碳达峰碳中和工作的意见》 《保险业聚焦碳达峰碳中和目标 助推绿色发展蓝皮书》	积极发展绿色金融
2	绿债扩容	《绿色债券支持项目目录（2021 年版）》 《绿色债券评估认证机构市场化评议操作细则（试行）》 《银行业金融机构绿色金融评价方案》	推出碳中和债；促进机构持有绿债意愿；境内市场绿债标准的统一
3	信披提速	《环境信息依法披露制度改革方案》 《上市公司投资者关系管理指引（征求意见稿）》 《金融机构环境信息披露指南》	“2025 年基本形成环境信息强制性披露制度”；要求上市公司单设“第五节 环境与社会责任”

续表

序号	关键词	政策文件	ESG 相关内容
4	地方创新	《湖州市绿色金融促进条例》 北京出台《关于金融支持北京绿色低碳高质量发展的意见》 《上海加快打造国际绿色金融枢纽服务碳达峰碳中和目标的实施意见》 《重庆绿色金融大道发展专项规划》 《黑龙江省绿色金融工作实施方案》	设立绿色金融改革创新试验区促进绿色金融创新
5	国际接轨	《G20 可持续金融路线图》 《可持续金融共同分类目录》 《银行业金融机构支持生物多样性保护共同宣示》 《可持续金融共同分类目录》	一方面完善国内绿色金融标准体系，另一方面也致力促进国内标准与国际标准的可比性和一致性

注：资料来源于商道融绿评级机构。

3.3　ESG 履责影响企业高质量发展的作用机理分析

本书最后的落脚点为企业高质量发展，紧紧围绕 ESG 履责进而驱动企业高质量发展展开。基于前文第 2 章对高质量发展内涵特征的分析和阐述，并以党的二十大报告提供的重要指引为依据构建本书研究企业高质量发展的框架。党的二十大报告指出：第一，加快发展方式绿色转型，是经济社会可持续发展的内在要求，也是高质量发展的重要标志；第二，着力提高全要素生产率，推动经济实现质的有效提升和量的合理增长；第三，健全资本市场功能，提高直接融资比重，守住不发生系统性风险底线。因此，基于前文章节文献梳理、分析和政策指引的要求，本书从“创新发展—效率提升—价值增长”三个维度，选择绿色创新、全要素生产率和股票收益来讨论 ESG 赋能企业高质量发展的作用机理。本部分进行相关机理系统的阐述，为后文实证剖析 ESG 影响企业高质量发展的深层次作用机制奠定基础、构建整体的逻辑分析框架。

（1）ESG 履责、绿色创新与企业高质量发展

党的二十大报告指出要“推动经济社会发展绿色化，低碳化是实现高质量发展的关键环节”。在全国科技创新大会上，习近平总书记强调了绿色技术创新的重要性，“需要依靠更多更好的科技创新建设天蓝、地绿、水清的美丽中国”，如何推动企业绿色发展和技术创新也是我国“创新、协调、绿色、开放、共享”新发展理念的切实要求。已有研究表明，在生产活动中运用绿色创新技术将有利于实现经济与环境的协调发展（马媛等，2014[162]）。企业对环保技术等环境治理方面的投入是企业重要的战略性资源（胡曲应，2012[151]），有利于企业形成可持续竞争优势（Bhandari and Javakhadze，2017[163]），对助力企业高质量发展具有重要的实践意义。

根据利益相关者理论，ESG 注重企业利益相关者价值诉求，一些组织面临来自组织利益相关者（如竞争对手、客户、工人和政府）的压力，要求他们就社会和环境问题发声（Pekovic and Vogt，2021[164]）。Zhang 和 Zhu（2019）[87]研究发现，消费者压力可以增加绿色产品和绿色工艺创新。另外，ESG 履责可以通过缓解信息不对称、降低企业资本成本（沈洪涛和马正彪，2014[50]；王治和彭百川，2022[8]）、提升企业声誉（Radhakrishnan et al.，2018[165]）、增加企业风险承担能力等对企业绿色创新活动产生积极影响。

（2）ESG 履责、全要素生产率与企业高质量发展

党的二十大报告提出“坚持以推动高质量发展为主题”，需要

“着力提高全要素生产率”。应持续优化劳动、资本、资源等生产要素配置，不断提高全要素生产率，形成优质高效的现代化产业体系、多层次的创新体系、开辟发展新领域新赛道，塑造发展新动能新优势。部分研究表明，宏观经济发展取决于微观层面企业生产率的提高（Giang et al.，2019[11]），生产率的提高不但体现了企业的竞争能力，也是推动经济高质量发展和增长的关键因素（Castellacci，2008[12]；Kim et al.，2016[13]；Habib et al.，2019[14]）。因此，企业生产效率的提高是其有效资源配置能力的重要体现，是企业高质量发展的重要保障，也是推动经济高质量发展、推进中国式现代化建设的重要路径。

企业在环境、社会、公司治理方面履职，可能通过降低能源耗费和监管成本、减少碳排放、促进研发创新、降低财务约束等渠道多管齐下，对公司财务、生产效率等方面产生显著积极影响。而同时，企业、行业、宏观环境不同层面的因素会影响企业研发创新、知识溢出、财务约束或资本配置效率，也可能给公司带来重大机会，进而影响企业的全要素生产率。从信息不对称理论分析，企业ESG履责增加了企业信息披露质量，缓解企业委托代理冲突，可有效预防管理者短视行为发生，监督并激励管理者将资源投入研发创新，促进企业生产效率提升。同时，ESG履责可缓解企业融资约束、提高部门之间的资本配置效率（宋敏等，2021[112]），对企业产生积极影响。而全要素生产率受财务约束、资本配置效率、资源优势等多方面驱动，会在企业层面产生较大差异。

（3）ESG履责、股票收益与企业高质量发展

党的二十大报告指出“着力推动高质量发展”，需要“建设高标准市场体系，依法加强对资本的有效监管，依法规范和引导资本健康发展”，其中，明确提出应“健全资本市场功能，提高直接融资比重，守住不发生系统性风险底线”，因此，企业的高质量发展离不开金融的支持。股票收益反映了市场中利益相关者对公司股票

的认可度，是衡量企业绩效、价值增长能力的重要指标。高收益率的企业会得到更多的资金支持，能够减轻企业的融资约束，从而促进企业发展。当下，企业面临的国内外环境复杂多变，未来发展不确定性因素较多，各种“黑天鹅”“灰犀牛”事件随时可能发生，气候风险等对资本市场带来不确定性冲击，企业拥有相对稳定的股票收益一方面可以为企业生产发展提供源动力，另一方面也是资本市场抗风险能力的重要考验，将股票收益纳入企业发展质量的分析框架，为金融支持高质量发展提供重要研究视角。

当前环境下，投资者越来越关注企业ESG履责情况，认为重视ESG投资是应对气候风险的有效途径（Krueger et al.，2020[146]），并将ESG问题纳入投资决策（Cui and Docherty，2020[166]）。根据前文分析可知，ESG履责能够满足投资者等利益相关者需求，进而有利于股票收益。Marshall等（2022）[167]发现遵守CSR规定的印度企业吸引了更多的外国机构投资者，气候变化对股票收益带来的负面影响是显而易见的（Hong et al.，2019[122]），而机构投资者和公司视为应对气候相关监管风险的最强大力量（Stroebel and Wurgler，2021[4]）。因此，ESG公司可吸引更多机构投资者进入，获取更高水平的投资，而机构投资者也能应对气候变化对股票收益带来的负面影响，所以企业ESG履责可以通过吸引机构投资者进入进而提升股票累计收益率。

值得一提的是，在我国资本市场上，机构投资者对投资目标的考察较为全面和严谨，因此会考虑气候环境带来的监管风险和财务风险因素：一方面，根据前述分析，ESG履责可能更易吸引机构投资者认同，提高企业直接融资比重；另一方面，机构投资者具备更加成熟的投资理念，推动企业ESG履责有助于发挥我国资本市场上机构投资者的价值引领作用，培育资本市场成熟理性的投资理念，提高投资者对影响投资收益相关风险的识别意识，增强ESG履责企业和资本市场抗风险能力。

3.4　ESG 履责影响企业高质量发展的异质性影响因素分析

目前，尚存宏观能源效率不高、中观产业低碳化发展不足、微观制造业企业碳绩效管理欠佳等可能制约企业高质量发展的因素。为进一步探讨在何种情境下 ESG 能发挥更大的效应，在文献梳理理论基础上，此部分从“宏观—中观—微观”层面梳理影响企业 ESG 和高质量发展的潜在因素，具体为：

第一，宏观层面。气候风险会在短期内给企业发展产生较大消极影响（朱武祥等，2020[168]；黄群慧，2020[169]），但企业 ESG 绩效有可能对冲灾难风险的不利影响，发挥缓解突发疫情或气候压力的作用；同时，不同区域重视环保的理念和环保意识也有差异，企业面临不同程度的环境规制压力对 ESG 履责和高质量发展会产生差异化影响。因此，考虑区域环境因素，后文纳入区域环境指标进行异质性检验。

第二，中观层面。企业工业活动是造成环境污染的重要因素，不同污染属性行业面临的环评、排污证、差别电价等监管压力不同，企业工业活动是造成环境污染的重要因素，重污染行业面临更大的来自政府、媒体等相关利益者的环境压力，进而影响其 ESG 效应；同时在竞争越激烈的行业中，企业 ESG 履责积极性和质量可能也越强。因此后文纳入行业污染属性和竞争程度进行异质性检验。

第三，微观层面。不同产权性质使企业在社会职能、履责路径和效果上差异较大，国有企业因本身担负着社会职能，相比非国有企业，其 ESG 绩效会更好（McGuinness et al.，2017[33]），一部分也取决于政府在环境、社会等资源管理上给予的政策倾斜，因此市场对国有企业的履责行为认可度可能存疑（张胜等，2012[170]），相比而言，非国有企业面临的政策优惠可能有限、融资约束也相对较高；同时自愿性信息披露能直接反映社会责任信息真实程度和信息披露质量（曹廷求和张光利，2020[171]），因此纳入公司产权性质和信息披露质量相关指标进行异质性检验。

综上所述，结合企业 ESG 发展特点和潜在制约因素，从“宏观—中观—微观”层面总结提炼影响企业 ESG 赋能高质量发展的多维因素，为后文主要研究内容以及实证检验异质性影响因素提供重要分析证据，以期为企业结合宏观环境、行业特征和自身特质，差异化推进 ESG 及高质量发展提供有据可依、科学合理的政策建议。

基于本章前述分析，绘制 ESG 履责影响企业高质量发展的分析框架，如图 3－3 所示。

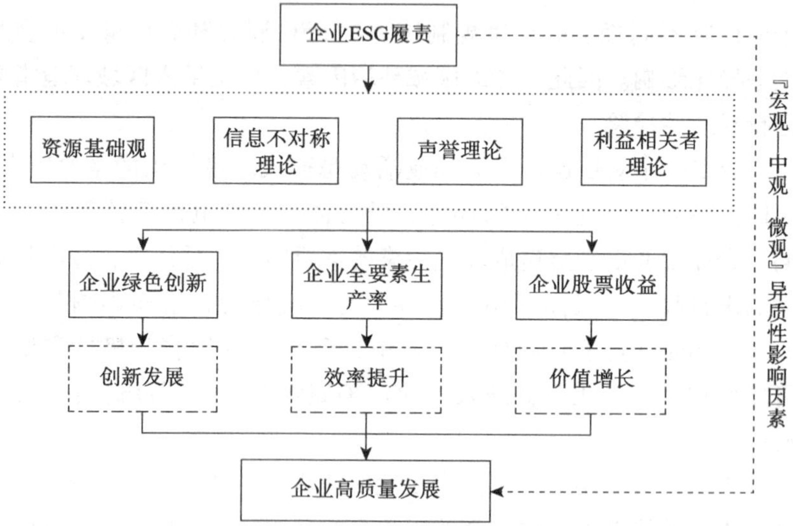

图 3－3　ESG 履责影响企业高质量发展的分析框架

3.5 本章小结

本章研究以期系统分析、搭建 ESG 履责影响企业高质量发展的分析框架，为后文研究奠定基础。首先，分别从资源基础观、信息不对称理论、声誉理论和利益相关者理论明确了企业 ESG 履责与高质量发展关系理论基础。其次，基于 ESG 发展现状和政策支持文件，探讨了 ESG 履责影响企业高质量的现实依据；进一步从绿色创新、全要素生产率和股票收益三个维度分析了 ESG 影响高质量发展的作用机理。最后，基于“宏观—中观—微观”多维视角讨论了影响 ESG 履责赋能企业高质量发展的异质性影响因素。

第4章

ESG 履责赋能企业创新发展 ——基于绿色技术创新视角的分析

党的二十大报告指出，加快发展方式绿色转型是实现高质量发展的应有之义，并强调了“在生产方式上，狠抓绿色低碳技术攻关，以绿色低碳技术创新和应用为重点”。如何推动企业绿色发展和技术创新亦是我国“创新、协调、绿色、开放、共享”新发展理念的切实要求。技术突破通常会给企业和社会带来重大利益（Betz et al. , 2019[172]），当前的可持续经济发展要求在关注创新市场时，与环境相关的技术变得更加重要。虽然企业可以通过某些战略在短期内减少污染物排放来实现环境保护的目标，但从长远来看，在生产活动中运用绿色创新技术是实现绿色经济发展的关键（Faulkner, 2004[173]；Feng et al. , 2021[174]；Du et al. , 2021[77]；Hsu et al. , 2021[175]）。从资源基础观视角分析，企业对环保技术等环境治理方面的投入是企业重要的战略性资源（胡曲应，2012[151]），有利于企业形成可持续竞争优势（Bhandari and Javakhadze, 2017[163]），对助力企业高质量发展具有重要的实践意义：其一，绿色创新为企业创造开拓新市场的机会，并通过将自身定位为生态友好型企业来创造竞争优势（Chen et al. , 2006[176]；Kam - Sing, 2012[177]）；其二，绿色创新通过提高效率并增强企业环保形象，最终有助于企业生产力的提高（Chen, 2008[178]）；其三，作为创新先锋的企业可能会要求更高的绿色产品价格，改善企业形象，更好地销售其环保技术或服务，提升其竞争力。

ESG 关注企业长期价值创造，与新发展理念、新发展阶段的要求不谋而合，推动企业落实高质量发展要求。越来越多的市场参与者正在把 ESG 履责纳入企业可持续发展的衡量指标，企业面临着对环境、社会、公司治理（ESG）各方主体责任的切实履行。部分研究表明非国有企业的 ESG 表现对企业创新绩效有显著的促进作用（王治和彭百川，2022[8]）。项东和魏荣建（2022）[95]研究得出我国 A 股重污染企业 ESG 信息披露可促进企业绿色创新。以上研究为本章基于绿色创新视角探究 ESG 履责是否以及如何影响企业创新发展提供了有益启示，然而已有相关 ESG 履责影响企业创新发展的研究较为单一，尤其缺乏基于“宏观—中观—微观”不同层次分析其影响异质性的探究。ESG 当前的发展赋予了时代的内涵，与国家“双碳”战略和绿色低碳转型的目标高度一致，此情景下，探索 ESG 对企业绿色创新的深层影响关系对丰富相关领域研究，促进企业积极履责 ESG 以及切实践行绿色高质量发展具有很强的理论和现实意义。

基于此，本章以 A 股上市公司为研究对象，深入探讨企业 ESG 三个维度的履责对其绿色创新水平的影响关系，并从财务约束、企业声誉和信息披露质量等视角剖析其作用路径，进一步创新性地纳入宏观层面（区域碳排放量、区域环境规制强度）、中观行业层面（行业竞争压力）和微观企业层面（企业人力资源、信息披露质量），拓展性检验不同维度因素的影响作用。研究结论证实了 ESG 履责对企业绿色高质量发展的积极效应，并通过缓解财务约束、提升企业声誉和信息披露质量促进绿色技术创新水平的提升，进一步分析表明，当企业处于高碳排放和环境规制压力时，ESG 对绿色创新水平的提升效应更为显著；对于所在行业竞争压力较大，以及人力资源基础较好的企业，其促进作用也更加凸显。

相比以往研究，本章可能的增量贡献体现在如下方面：第一，已有部分文献分析了 ESG 履责/企业社会责任表现对创新或绿色创新的影响作用，但相关 ESG 履责影响企业创新发展的研究较为单一，绿色创新发展是企业高质量发展的重要内容，本章将两者结合进行深入分析，丰富了相关领域研究；第二，基于资源基础观、利益相关者理论、声誉理论以及信息不对称理论等视角剖析了 ESG 对企业绿色创新的多重作用机理，丰富了相关理论分析框架，为 ESG 履责对企业绿色创新提供了功能发挥的新证据和新视角；第三，目前尚存宏观能源效率不高、中观产业低碳化发展不足、微观制造业企业环境管理欠佳等可能制约绿色高质量发展的因素。本章从宏观区域、中观行业以及微观企业三个维度拓展检验了影响异质性，以进一步探讨何种情境下 ESG 能发挥更大的效应，不仅丰富了相关领域研究，也为在新形势下促进企业绿色转型、切实践行绿色高质量发展提供有益启示。

4.1 理论分析与研究假设

4.1.1 ESG 履责与绿色技术创新

随着环境问题越来越普遍，企业正在采取更积极主动的环境管理方法。已有研究表明，创新特别是以环境保护为目标的绿色创新，是实现经济增长和环境保护双重目标的重要抓手（Jin et al.，2019[179]）。根据制度导向理论，合理的环境监管可以激励企业从事绿色创新活动（Porter，1991[79]）。在制定环境监管政策时，政府经常在早期协助支持降低企业创新和研发成本的措施，从而提高企业的创新积极性（Cheng et al.，2023[82]）。根据 2013 年出台的《空气污染防治行动计划》（APPCAP），政府会采取惩罚和奖励的措施实现节能减排目标。相关的激励措施，例如奖励高能效和低排放的企业，允许高科技企业和有环保项目的企业享受企业所得税激励，以及为空气污染控制项目提供财政支持，这些在刺激绿色创新方面发挥了积极和重要作用（Zhang，2022[83]）。然而，尽管政府提供相应的财政支持，但由于政府和企业之间的信息不对称，可能无法达到预期效果（Chen et al.，2020[84]）。除了税收激励和财政补贴等直接激励措施，政府还可以通过一些间接激励措施，如激发企业社会责任，促使企业进行绿色创新（Chen et al.，2020[84]；Yuan and Cao，2022[85]）。基于利益相关者视角的研究认为在日益严重的污染和公众对环境保护关注的压力下，市场表现出对绿色产品的更高偏好和需求，从而导致企业会选择进行绿色创新（Derchi et al.，2023[180]）。一旦绿色技术应用于生产和产品，企业就可以打破对高污染传统生产的依赖，寻求绿色转型升级，创造企业发展的良性循环。

ESG强调企业生产经营过程中对环境、社会责任和公司治理方面积极履责，被认为是全球重要的商业实践（Xiang et al.，2021[181]）。同时，ESG注重企业利益相关者价值诉求，一些组织面临来自组织利益相关者（如竞争对手、客户、工人和政府）的压力，要求他们就社会和环境问题发声（Pekovic and Vogt，2021[164]）。Zhang和Zhu（2019）[87]研究发现，消费者压力可以增加绿色产品和绿色工艺创新。企业可持续性体现在采取了能够满足经济实体及其当前受益人需求的战略和活动，同时保护、维持和增强未来的人力资源和自然资源（Labuschagne et al.，2005[182]）。如果企业将生产和服务转向为利益相关者提供更多选择，帮助他们过上更可持续的生活，那么他们将为企业在建立更可持续的发展中发挥核心作用（Nilashi et al.，2019[183]）。同时，ESG所秉持的可持续发展理念会促使企业采用积极主动的绿色发展战略，有利于企业协调绿色生产程序所需的各种资源，这将导致绿色创新的产生。从理论角度来看，不同的研究者认识到ESG/企业社会责任与创新之间存在关联（McWilliams and Siegel，2000[184]）。然而，关于环境、社会责任等方面履责对绿色创新的影响，现有的实证研究仍然有限（Zhou et al.，2019[185]；张允萌，2021[94]；王治和彭百川，2022[8]）。

基于此，本书提出假设 4.1 试图填补并丰富相关研究：

H4.1：企业 ESG 履责能显著提升其绿色创新水平。

4.1.2 企业 ESG 履责、财务约束与绿色创新

基于资源基础观的研究认为企业拥有的资源基础是决定企业投资决策的重要因素（李青原和肖泽华，2020[88]），企业通过在生产经营过程中选择最优的投资组合，投放有限的要素资源以获取最大效益。由于创新活动通常具有高投资、耗时和巨大不确定性等缺陷，企业更倾向于在参与创新之前评估未来风险和收益（Brav et al.，2018[89]）。因此，企业将选择在充足资金的保证下进行创新活动（Irfan et al.，2022[90]）。对于资源基础或创新能力（比如有从事研发的科技人员和研发经验丰富的人力资本）较好的企业，企业可以通过持续性的绿色创新活动获取竞争优势；对于创新能力较弱的企业，一方面其获取资源的能力相对有限，另一方面研发经验的相对缺乏可能会增加企业绿色投资的风险压力，进而影响企业绿色创新产出。此种条件下，企业的绿色创新活动很难具备持续性，当企业面临较大融资约束时，会削减研发支出和长期固定资产投资（沈红波等，2010[91]），资金不足等资源约束极大抑制了企业的创新活力和动力。

ESG 代表更加绿色可持续的发展理念，符合利益相关者的价值诉求，ESG 履责较好的企业有利于与政府、客户、供应商等利益相关者建立良好的关系，可以获取相应的资源支持用于企业绿色创新。沈洪涛等（2014）[50]研究得出，企业较好的环境责任表现可以增加投资者信心，提高风险承担能力，会降低其资本成本，进而缓解融资约束；王治和彭百川（2022）[8]研究得出企业良好的 ESG 表现可向外界传递积极信号，同时可提升信用评级机构对企业的评

分等级，进而可以降低企业的融资成本。同时，ESG履责可以有效缓解企业委托代理冲突，有效降低企业管理成本，缓解财务约束。另外，随着“双碳”目标下ESG投资渐入资本市场主流实践，基于ESG理念下的绿色金融和相关衍生产品迎来发展新机遇，市场自下而上的参与发挥有效资源配置的功能，此背景下企业ESG表现有助于提升其可持续融资能力，引导资本流向，最终更多的信贷资源倾向于流入高ESG表现企业。因此，ESG履责可以通过缓解财务约束助力企业将更多的资金投入产品、技术的研发活动中，促进企业绿色创新水平的提升。

基于此，本书提出假设4.2：

H4.2：企业ESG履责通过缓解财务约束提升其绿色创新水平。

4.1.3　企业ESG履责、企业声誉与绿色创新

已有研究表明企业环境、社会责任表现有助于提升企业声誉。Flammer（2013）[186]、Flammer（2015）[187]认为企业环境、社会责任行为是建立企业声誉的良好长期投资。良好的环境绩效被视为企业对环境政策的积极响应和承担社会责任的积极行动，可向利益相关者传递出企业积极承担社会责任的信号，有利于企业逐渐积累利益相关者的社会和道德资本（Godfrey，2005[188]）。因此，ESG履责是对声誉、客户满意度和利益相关者管理的投资（Radhakrishnan et al.，2018[165]），通过其对企业与重要利益相关者关系的有利影响，改善了公司在利益相关者中的声誉，提高了利益相关者为企业提供资源的意愿（Frooman，1999[189]；Backhaus et al.，2002[190]），促进了企业的绿色创新。同时，ESG履责带来良好的企业声誉，帮助企业提升社会信用，进而有利于企业在市场中开展商业活动（郑超愚和孟祥慧，2021[191]）。

企业进行绿色创新的积极性容易受到企业风险承担能力的影响，原因在于绿色创新项目前期投资大、周期长、风险高，在成果

转化与创造经济效益等方面具有较强的不确定性，尤其是风险承担能力较弱的企业开展创新活动的意愿更低。事实上，ESG/CSR 报告可能会提供一种形式的前“保险”，以防随后出现问题（Christensen et al.，2021[192]）。基于声誉保险效应的相关研究认为，企业积极履行环境、社会责任（例如，社会慈善捐赠等）等行为具有声誉保险效应，可以降低企业的外部风险，如财务风险、诉讼风险和合规风险（Shane and Spicer，1983[193]；Chollet and Sandwidi，2018[194]；Shahab et al.，2018[195]），有助于增加企业风险承担能力：其一，能够维护和提升企业形象和声誉，增强投资者乐观预期，进而降低企业股票市场风险（冯丽艳等，2016[196]）。例如，Christensen（2016）[197]研究得出，当企业不当行为发生时，之前发布过 CSR 报告的公司比没有发布报告的公司遭受的负面股价反应要小，企业通过社会责任履行降低了预期惩罚的严重程度。同时，利益相关者减少了对这些公司负面事件的负面反应，会更愿意提供资源（Backhaus et al.，2002[190]），因而可以通过创造社会资本来提高企业风险承担能力。其二，ESG 信息揭示了企业的战略，提高公司在监管机构中的声誉，可能会带来更有利的待遇（Moser and Martin，2012[198]）。例如，以尽量减少因不遵守标准而导致的监管行动或处罚的风险（Baloria et al.，2019[199]）。面临高度政治风险的公司也可以利用企业社会责任披露来管理其在监管机构中的声誉（Neu et al.，1998[200]；Roberts and Dowling，2002[157]）或抵消环境绩效不佳的潜在声誉影响（Cho et al.，2012[201]）。外部风险的降低为企业在投资中承担更多风险提供了更多支持（Chatjuthamard et al.，2020[202]；Tran，2019[203]；Wen et al.，2021[204]）。

基于此，本书提出假设 4.3：

H4.3：企业 ESG 履责通过提高企业声誉促进其绿色创新水平的提升。

4.1.4 企业ESG履责、企业信息披露质量与绿色创新

黄速建等（2018）[10]认为，透明开放运营是企业高质量发展的核心特质之一，因此高水平的信息披露对企业实现高质量发展至关重要。ESG标准要求进行全面和量化的信息披露。基于资源基础观视角，Qiu等（2016）[152]表明，公司可以利用其ESG/企业社会责任披露来表明外部各方无法观察到的信息，如向股东提供有关业绩、战略方向、能力或公司声誉等信息（DesJardine et al.，2021[153]），而卓越的企业ESG/社会责任绩效及其有效披露可以为公司带来竞争优势。杨金坤（2021）[205]根据信息不对称理论得出，企业ESG履责具有“信息效应”。其一，可以改善企业信息环境，信息不对称在资本市场上可以直接影响企业的融资成本，企业ESG履责通过缓解信息不对称有效缓解融资约束；其二，缓解委托代理问题，绿色创新活动通常具有风险和长期性，尽管股东通常要求企业从事创新活动以实现长期价值最大化，但管理者通常具有短期决策视野，避免面向未来的投资（Narayanan，1985[206]；Flammer and Bansal，2017[207]），ESG信息披露可以缓解这种代理冲突，激励管理者开展更多面向未来的绿色创新活动；其三，ESG履责情况较好的企业，偏向自愿披露更多的相关非财务信息（吴红军，2014[208]），向外界信息使用者传递自身良好的环境管理、责任履行和前景信息，有利于提升企业市场竞争力和发展质量。

利益相关者的信息需求会促使企业进行ESG责任履行并进行相应信息披露，而专业的市场参与者关注会迫使企业提供更高质量的非财务信息。Dhaliwal等（2011）[155]研究发现，ESG/CSR非财务信息披露表达出公司未来前景信息，会吸引分析师关注，同时相关报告质量与更多的分析师关注度和更低的分析师预测误差相关。因此，分析师关注会增加公司信息披露质量，强化企业ESG履责的“信息效应”，促进企业进行环保投资和长期价值创造。同时，

有研究提出，证券分析师和机构投资者会关注公司的绿色创新情况，并构成公司绿色创新的外部压力（Guo et al.，2019[209]）。

基于此，本书提出假设 4.4：

H4.4：企业 ESG 履责通过提高企业信息披露质量促进其绿色创新水平的提升。

4.2 研究设计

4.2.1 指标选取和定义

（1）企业 ESG 履责

参考 Garel 和 Petit－Romec（2021）[125]，本书采用 ESG 综合指标以及 E、S 和 G 分项指标进行度量。彭博（Bloomberg）对我国 A 股上市公司责任报告、年报、ESG 新闻报道以及代理和公司治理报告等公司信息，通过量化评估形成环境（E）、社会（S）与治理（G）方面的细化度量标准和分值权重，为投资者提供了上市公司 ESG 综合评分和分项评分。该 ESG 信息评估体系一级指标包含环境（E）、社会（S）和公司治理（G）三个维度，并细化至三级指标，如三级指标中氮氧化物排放、一氧化碳排放、二氧化硫氧化物排放等对应二级指标空气质量，并最终加权得到一级指标环境评分；社会（S）维度方面，如三级指标中企业人权政策、禁止童工政策、质量保证和召回政策等对应二级指标社区和消费者，进一步加权得到一级指标社会得分；治理（G）维度方面，如三级指标中审计委员会会议、审计师任职年限、审计委员会规模等对应二级指标审计风险与监督，进一步加权得到一级指标治理得分。各项评分越高，表明企业该方面履责越好。

（2）企业绿色创新水平

本书选用企业当年绿色专利申请数量作为分析对象，是因为相比绿色专利授权数量，专利申请数据更稳定、可靠和及时（黎文靖和郑曼妮，2016[210]），这与当前研究普遍使用的主流做法一致（Amore and Bennedsen，2016[211]；Van - Hoang et al.，2021[212]）。此外，也有观点认为，专利授权数据更能体现企业创新的质量和能力，专利申请数量更多的是反映企业对绿色技术的重视程度（刘金科和肖翊阳，2022[80]）。但专利授权时间上较为滞后，企业自开始申请专利到专利主管部门批复需要较长的时间，因此，在稳健性检验中，本书也选取了企业次年专利授权数据进行了实证分析。

（3）控制变量

借鉴张琦等（2019）[213]、齐绍洲等（2018）[214]，本书控制了随时间变化可能影响企业绿色创新的变量。（1）公司成熟度（*Age*）。企业的创新能力还可能受到企业上市年限的影响，上市较早的企业，更有可能积累研发经验和从事专利开发的人力资本，也就更有可能具备较高的创新水平，本书使用企业上市年数加1的对数值来衡量企业成熟度。（2）企业规模（*Size*）。企业的规模和研究开发的成功率有一定的关系，企业规模越大，创新成功率越高（王刚刚等，2017[215]），本书选取样本企业员工总数的自然对数来衡量企业规模的大小。（3）负债水平（*Level*）。保证合理的债务成本的前提下，适度负债有利于企业筹集资金，从事新产品和绿色技术的研发，改进生产流程和生产工艺，弥补长期发展性资金的不足（齐绍洲等，2018）[214]。本书使用资产负债率衡量企业的负债水平。（4）企业盈利能力（*Roa*）。既有研究认为，企业的盈利能力越强，意味着财富创造能力越强，创新意识也相应较高。有必要控制企业盈利能力的影响，用企业总资产收益率来表示。（5）现金持有占总资产比重（*Cash*）。（6）第一大股东持股比例（*Top1*）。（7）企业成长性（*Gro*）。（8）独立董事占比（*Indepdir*）。

主要变量的说明及定义如表 4-1 所示。

表 4-1　　主要变量说明及定义

类型	名称	符号	定义
被解释变量	绿色技术创新	*GreenIn*	企业绿色专利申请数量加 1 取自然对数
解释变量	ESG 履责	*ESG*	企业 ESG 综合责任得分
		EESG	企业 ESG 环境方面得分
		SESG	企业 ESG 社会方面得分
		GESG	企业 ESG 公司治理方面得分
机制检验	现金流	*Cashflow*	该年企业的经营活动现金流量的自然对数
	融资约束	*AbsSA*	SA 指数取绝对值，其中，$SA = -0.737 \times Size + 0.043 \times Size^2 - 0.040 \times Age$
	企业声誉	*Repu*	企业无形资产的自然对数
	分析师跟踪	*AnaAtten*	分析师跟踪加 1 取自然对数
异质性分析	环境规制	*ManEnv*	地方政府工作报告中“环保”相关词频占报告全文比重
	行业集中度	*HHI*	行业内每家公司主营业务收入与行业主营业务收入总和比值的平方累加
	企业高管持股	*ExeHol*	高管持股比例
	高管教育水平	*ExeEdu*	高管教育水平得分值，详见本章进一步分析中该变量定义
控制变量	公司成熟度	*Age*	公司上市时长（年）
	公司规模	*Size*	员工总数的自然对数
	负债水平	*Lev*	资产负债率
	企业盈利能力	*Roa*	总资产收益率
	现金类资产占比	*Cash*	现金持有占总资产比重
	第一大股东持股比例	*Top1*	第一大股东持股数量占上市公司总股数的比例
	企业成长性	*Gro*	（本期营业收入-上期营业收入）/上期营业收入
	董事会独立性	*Indepdir*	独立董事人数除以董事会人数

4.2.2 样本选择和数据来源

彭博（Bloomberg）结合上市公司责任报告、年报、ESG新闻报道以及代理和公司治理报告等公司信息，通过量化评估形成环境（E）、社会（S）与治理（G）方面的细化度量标准和分值权重，为投资者提供了上市公司ESG综合评分和分项评分。各项评分越高，表明企业该方面履责越好。基于彭博数据终端的ESG数据来源，本书以2011—2020年A股上市公司为研究样本，并进行如下剔除：(1) 金融行业样本；(2) ST和*ST样本；(3) 主要变量数据缺失的样本，筛选后涉及公司样本共1133家，公司-年度有效观测值为9266个①。除ESG评分数据外，上市公司绿色专利申请、绿色专利授权数据来源于中国研究数据服务平台（CNRDS），其余数据主要来源于国泰安数据库（CSMAR）。为避免异常值干扰，本书对连续变量进行1%的Winsorize处理。本书的数据整理和统计分析均采用Stata17.0软件处理。

4.2.3 实证模型

为检验前文提出的研究假设，本书设定如下基准回归模型(4.1)：

$$GreenIn_{i,t} = \alpha_0 + \alpha_1 ESG_{i,t} + \alpha_2 Controls_{i,t} + \sum Firm_i + \sum Year_t + \varepsilon_{i,t} \tag{4.1}$$

其中，$GreenIn_{i,t}$为企业i在t年的绿色技术创新水平。$ESG_{i,t}$为企业i在t年的ESG综合评分（*ESG*）和分项评分（*EESG*、*SESG*、*GESG*），*Controls*为控制变量，模型（4.1）同时控制了公司个体和年份固定效应。

---

① 部分企业环境（E）分项评分有缺失，因此分项评分Escore样本量相比其他变量样本量略低。

4.2.4 主要变量的样本描述

(1) 描述性统计

表 4 – 2 汇报了主要变量的描述性统计结果：第一，企业绿色创新水平。*GreIn* 的均值为 0.845，中位数为 0，说明有一半的企业没有绿色创新产出，因此我国 A 股上市企业的绿色创新水平整体较低，仍待进一步提升，这与相关文献基本一致（李青原和肖泽华，2020[88]；刘金科和肖翊阳，2022[80]）。同时，*GreIn* 最小值为 0，最大值为 4.804，标准差为 1.171，表明不同企业绿色创新水平存在明显差异，这与相关文献一致（于连超等，2019[81]；项东和魏荣建，2022[95]）。第二，ESG 履责。ESG 综合得分均值为 2.996，最小值为 2.207，最大值为 3.798；企业环境方面得分均值为 2.181，最小值为 0.734，最大值为 3.753；社会得分均值为 3.078，最小值为 1.948，最大值为 4.028；治理得分均值为 3.799，最小值为 3.524，最大值为 4.076，表明 ESG 的三个维度中环境责任和社会责任方面得分差异较大，尤其是环境方面差异显著，表明不同企业环境之间环境和社会责任方面履责情况存在明显差异，部分企业对 ESG 履责重视程度较低，这与相关文献基本一致（帅正华，2022）。第三，控制变量。*Level* 均值为 0.478，仍然有企业负债水平高达 0.941；*Top*1 均值为 0.370，最小值为 0.0840，最大值为 0.742，标准差为 0.160，说明样本公司的股权相对集中，不同公司间差异显著；*Indepdir* 均值为 37.6%，说明独立董事占董事会人数大于 1/3，这一数值符合证监会相关规定；*Size* 均值为 8.425，最小值为 4.205，最大值为 11.38，标准差为 1.288，说明不同企业间规模差异明显。相关控制变量的描述性统计与已有文献保持一致。

表4-2　　描述性统计

变量	均值	中位数	标准差	最小值	最大值	样本量
GreIn	0.845	0	1.171	0	4.804	9266
ESG	2.996	3.008	0.298	2.207	3.798	9266
EESG	2.181	2.230	0.678	0.734	3.753	8043
SESG	3.078	3.127	0.412	1.948	4.028	9266
GESG	3.799	3.799	0.114	3.524	4.076	9266
Age	3.011	3.045	0.278	1.792	3.584	9266
Size	8.425	8.408	1.288	4.205	11.38	9266
Level	0.478	0.489	0.201	0.053	0.941	9266
Roa	0.043	0.0370	0.056	-0.203	0.184	9266
Cash	0.179	0.132	0.163	0.002	0.869	9266
*Top*1	0.370	0.357	0.160	0.084	0.742	9266
Gro	0.125	0.0930	0.293	-0.575	1.853	9266
Indepdir	0.376	0.364	0.056	0.333	0.571	9266

（2）相关系数表

表4-3列示了主要变量的Pearson相关性分析结果，从表中可以看出，解释变量*ESG*与被解释变量*GreIn*在1%水平上显著正相关，初步证实了本书理论分析和研究假设，解释变量与控制变量、控制变量之间的相关系数均小于0.5，使用方差膨胀因子法（VIF）进一步检验显示，各控制变量VIF值均在1.6以内，证明基准回归模型不存在严重的多重共线性问题。

表4-3　　主要变量相关系数表

变量	1	2	3	4	5	6	7
1*GreIn*	1						
2*ESG*	0.242***	1					
3*EESG*	0.213***	0.836***	1				

续表

变量	1	2	3	4	5	6	7
4*SESG*	0.183 ***	0.818 ***	0.517 ***	1			
5*GESG*	0.156 ***	0.543 ***	0.282 ***	0.322 ***	1		
6*Age*	0.0100	0.110 ***	0.0140	0.083 ***	0.098 ***	1	
7*Size*	0.382 ***	0.370 ***	0.315 ***	0.252 ***	0.278 ***	-0.041 ***	1
8*Level*	0.163 ***	0.147 ***	0.079 ***	0.100 ***	0.188 ***	0.087 ***	0.327 ***
9*Roa*	-0.021 **	-0.00400	0.0160	0.00600	-0.042 ***	-0.065 ***	0.017 *
10*Cash*	0.070 ***	0.019 *	0.034 ***	0.00600	0.079 ***	-0.00700	0.040 ***
11*Top*1	0.038	0.111 ***	0.108 ***	0.056 ***	0.137 ***	-0.220 ***	0.187 ***
12*Gro*	0.022 **	-0.062 ***	-0.00500	-0.040 ***	-0.057 ***	-0.065 ***	-0.028 ***
13*Indepdir*	0.062 ***	0.046 ***	0.049 ***	0.033 ***	0.049 ***	-0.074 ***	0.058 ***
	8	9	10	11	12	13	
8*Level*	1						
9*Roa*	-0.439 ***	1					
10*Cash*	-0.135 ***	0.197 ***	1				
11*Top*1	0.093 ***	0.083 ***	0.025 **	1			
12*Gro*	-0.0120	0.261 ***	0.044 ***	-0.070 ***	1		
13*Indepdir*	0.030 ***	0.000	0.026 **	0.078 ***	0.000	1	

注：*、**、*** 分别表示在 10%、5%、1% 的置信水平上显著（双尾检验）（下同）。

（3）单变量差异性检验

为了更加直观地揭示 ESG 是否影响企业绿色创新水平，将样本进行分组，根据 ESG 得分中位数的高低分为 ESG 得分较低组和较高组，然后对比两组样本的绿色创新水平，以进一步考察其特征，如表 4-4 所示。均值差异分析表明，在 ESG 得分较低组中，企业绿色创新水平 *GreIn* 的均值为 0.689，在 ESG 得分较高组中，*GreIn* 的均值为 1.007，两者差异为 -0.318，且在 1% 水平上显著。中位数差异分析表明，在 ESG 得分较低组中，企业绿色创新水平

GreIn 的中位数为 0，在 ESG 得分较高组中，*GreIn* 的中位数为 0.693，两者差异为 -0.693，且在 1% 水平上通过显著性检验。综上可知，ESG 履责情况较好企业，其绿色创新水平相对更高。

表 4-4　　均值和中位数差异分析

变量	G1 (0)	均值 1	G2 (1)	均值 2	均值差异
GreIn	4698	0.689	4568	1.007	-0.318***
变量	G1 (0)	中位数 1	G2 (1)	中位数 2	中位数差异
GreIn	4698	0	4568	0.693	-0.693***

4.3 实证检验结果

表4-5 报告了企业 ESG 履责总指标（*ESG*）及分项指标（*EESG*、*SESG*、*GESG*）对绿色创新（*GreIn*）影响的基准回归结果。第（1）~第（4）列为只加入核心解释变量，控制公司、年份固定效应的回归结果，结果显示，ESG 履责（*ESG*、*EESG*、*SESG*、*GESG*）的估计系数分别为 0.249、0.057、0.142、0.230，以上前三个基准回归均在 1% 水平上显著为正，最后一个回归系数在 10% 水平上显著为正。第（5）~第（8）列为加入控制变量，同时控制公司、年份固定效应的回归结果，结果显示，*ESG*、*EESG*、*SESG* 和 *GESG* 的估计系数分别为 0.188（$t=3.860$）、0.045（$t=2.157$）、0.093（$t=2.986$）、0.235（$t=1.943$），分别在 1%、5%、1% 和 10% 水平上显著为正。本书结论表明企业 ESG 履责会显著促进绿色创新水平提升，假设 4.1 得到验证。控制变量的结果与已有研究基本一致。

表 4－5　　基准回归：ESG 履责与企业绿色创新

变量	(1) *GreIn*	(2) *GreIn*	(3) *GreIn*	(4) *GreIn*	(5) *GreIn*	(6) *GreIn*	(7) *GreIn*	(8) *GreIn*
ESG	0.249***				0.188***			
	(5.101)				(3.860)			
EESG		0.057***				0.045**		
		(2.726)				(2.157)		
SESG			0.142***				0.093***	
			(4.562)				(2.986)	
GESG				0.230*				0.235*
				(1.901)				(1.943)
Age					-0.001	-0.068	0.000	0.021
					(-0.008)	(-0.354)	(0.000)	(0.121)
Size					0.218***	0.210***	0.218***	0.224***
					(12.340)	(10.429)	(12.304)	(12.761)
Level					-0.016	-0.142	-0.018	-0.011
					(-0.185)	(-1.456)	(-0.208)	(-0.126)
Roa					0.034	0.051	0.046	0.059
					(0.181)	(0.245)	(0.240)	(0.312)

续表

变量	(1) *GreIn*	(2) *GreIn*	(3) *GreIn*	(4) *GreIn*	(5) *GreIn*	(6) *GreIn*	(7) *GreIn*	(8) *GreIn*
Cash					0.066	0.088	0.072	0.063
					(1.120)	(1.346)	(1.217)	(1.058)
*Top*1					−0.170	−0.152	−0.155	−0.165
					(−1.324)	(−1.076)	(−1.210)	(−1.288)
Gro					−0.035	−0.061**	−0.034	−0.036
					(−1.340)	(−2.047)	(−1.297)	(−1.374)
Indepdir					−0.168	−0.209	−0.174	−0.163
					(−0.834)	(−0.969)	(−0.861)	(−0.807)
constant	−0.275*	0.358***	0.034	−0.425	−1.739***	−0.964*	−1.474***	−2.208***
	(−1.910)	(7.082)	(0.357)	(−0.926)	(−3.268)	(−1.700)	(−2.822)	(−3.096)
Firm, Year FE	Yes	Yes	Yes	Yes	Yes	Yes	Yes	Yes
Obs.	9266	8043	9266	9266	9266	8043	9266	9266
r2	0.145	0.135	0.144	0.142	0.162	0.149	0.161	0.160

4.4 内生性与稳健性检验

4.4.1 工具变量法

本书采用工具变量法以缓解基准回归结果可能存在互为因果的内生性问题。本书借鉴 Fatemi 等（2018）[216] 的思想，结合我国上市公司数据的可得性，选择公司是否设置除审计、战略、提名、薪酬与考核四大专业委员会外的其他委员会作为工具变量（*IV*）。首先：①相关性。较多研究指出设置其他委员会的公司内部治理相对完善，更可能披露其非财务信息，且披露质量更高（Liao et al.，2015[217]），因此除四大委员会之外其他委员会的设置与企业 ESG 披露会高度相关；②外生性。企业是否设置四大委员会外的其他委员会很难直接影响其绿色技术创新水平，因此假设工具变量 *IV* 满足外生性要求。其次，对工具变量的有效性进行检验，得到 Cragg – Donald Wald F 统计值（以下简称“C – D Wald F”）为 43.955（见表 4 – 6 第（1）列），大于临界值 16.38（Stock and Yogo，2005[218]），说明不存在弱工具变量。

本书首先对 ESG 指标进行 Hausman 检验，结果显示 Hausman 统计量为 4.71，p 值为 0.03，表明基准回归模型中的 ESG 指标存在内生性问题。表 4 – 6 汇报了工具变量的两阶段回归结果，其中第（1）列为一阶段的回归结果，第（2）列为二阶段的回归结果。一阶段回归结果显示，*IV* 的估计系数在 1% 的水平上显著为正，证实其他专业委员会的设置与企业 ESG 履责显著正相关，验证了工具变量的相关性假定。二阶段结果显示，ESG 拟合值的系数依然在 1% 水平上与 *GreIn* 显著为正，说明在缓解潜在的内生性问题后，研究结论依然成立。

4.4.2　Heckman 两阶段模型

为缓解样本选择偏差带来的内生性问题，本书同时采用 Heckman 两阶段模型进行检验。在第一阶段，用公司是否设置除四大专业委员会外其他委员会（*IV*）作为工具变量，对该 0～1 变量，选用 Probit 离散模型进行回归，计算出逆米尔斯比率（*IMR*）；第二阶段在模型（4.1）基础上将估计的 *IMR* 作为控制变量，回归结果见表4-6第（3）列，*IMR* 的估计系数与 *GreIn* 在1%的水平上显著为正，说明原来的回归中确实存在内生性问题，ESG 综合评分与 *GreIn* 在1%的水平上显著为正，表明在考虑了样本选择偏差问题后，本书的结论依然成立。

表4-6　　内生性检验：工具变量法、Heckman 两阶段检验

变量	(1) *ESG*	(2) *GreIn*	(3) *GreIn*
IV	0.068***		
	(6.630)		
ESG		1.230***	0.275***
		(2.822)	(8.30)
Age	0.077***	-0.275***	1.905***
	(6.315)	(-5.615)	(10.24)
Size	0.070***	0.097***	3.858***
	(26.007)	(3.022)	(12.12)
Level	0.030	0.198***	9.932***
	(1.460)	(3.272)	(12.02)
Roa	0.081	0.192	2.894***
	(1.265)	(1.016)	(10.93)
Cash	0.019	0.175***	-0.409***
	(1.011)	(3.153)	(-5.40)

续表

变量	(1) ESG	(2) GreIn	(3) GreIn
*Top*1	0.090***	-0.264***	8.188***
	(4.572)	(-3.826)	(11.34)
Gro	-0.050***	0.063*	-2.436***
	(-4.767)	(1.686)	(-11.54)
Indepdir	0.139***	0.450***	4.164***
	(2.615)	(2.719)	(11.56)
IMR			25.676***
			(11.74)
constant	1.998***	-3.798***	-95.630***
	(37.757)	(-4.322)	(-11.92)
Firm, Year FE	Yes	Yes	Yes
Obs.	8278	8278	8278
r2		0.174	0.274
C-D Wald F	43.955		

4.4.3 准自然实验

为缓解互为因果以及样本选择性偏差等内生性担忧，本书借鉴刘柏等（2022）[96]，采用准自然实验法进行分析，具体为，2015 年商道融绿评级机构首次对沪深 300 成分股发布 ESG 评级，本书选取 2005 年商道融绿 ESG 评级事件作为外生冲击，以评级企业为实验组（*treat* =1），未评级企业为对照组（*treat* =0），将样本期间 2011—2014 年定义为非实验期（*period* =0），2016—2020 年定义为实验期（*period* =1），构建双重差分模型（DID）进行回归分析，由于固定效应能够更精准地反映两个维度上的变异性，并在一定程度上有助于缓解遗漏变量问题，因此本书同时将固定效应引入 DID

模型，如模型（4.2）所示。如果交乘项（*Treat* × *period*）的系数显著大于0，则表示当商道融绿对企业进行评级后，该企业与对照组企业相比，其绿色创新水平显著提升。

$$GreIn_{i,t} = \beta_0 + \beta_1 treat_i \times period_t + \beta_2 Controls_{i,t} + \sum Firm_i + \sum Year_t + e_{i,t} \quad (4.2)$$

表4-7报告了准自然实验的回归结果，其中，第（1）列是只控制公司、年度固定效应的结果，结果显示，*Treat* × *period* 的回归系数为0.266，在1%水平上显著为正，即商道融绿ESG评级发布后，被评级企业相较于对照组企业，其绿色创新水平显著提升。在此基础上，第（2）列加入了影响绿色创新的其他控制变量，*Treat* × *period* 的回归系数为0.242，在1%水平上显著为正。研究结论进一步佐证了ESG履责促进了企业绿色创新水平的提升。

表4-7　　内生性检验：准自然实验

变量	(1)	(2)
	GreIn	*GreIn*
Treat × *period*	0.266***	0.242***
	(7.511)	(6.786)
Age		0.228
		(1.215)
Size		0.202***
		(9.076)
Level		-0.068
		(-0.683)
Roa		-0.197
		(-0.951)
Cash		0.118*
		(1.726)

续表

变量	(1) *GreIn*	(2) *GreIn*
*Top*1		-0.019
		(-0.124)
Gro		0.026
		(0.885)
Indepdir		-0.067
		(-0.292)
constant	1.059***	-1.092**
	(34.689)	(-2.033)
Firm, Year FE	Yes	Yes
Obs.	8035	7969
r2	0.175	0.192

4.4.4 其他稳健性检验

从如下五个方面考虑了回归结果的稳健性问题：

第一，采用 OLS 模型的稳健性分析。本书基准回归模型为固定效应模型，为检验回归结果的稳定性，此处采用控制行业和年份效应的混合 OLS 模型进行检验，如表 4-8 所示。回归结果显示，ESG 评分综合指标（*ESG*）和分项指标（*EESG*、*SESG*、*GESG*）与绿色创新 *GreIn* 的估计系数均在 1% 水平上显著为正，主要结果与本书主要研究结论一致，佐证了基准回归结果的稳定性。

表 4-8　　稳健性检验：采用 OLS 模型

变量	(1) *GreIn*	(2) *GreIn*	(3) *GreIn*	(4) *GreIn*
ESG	0.341***			
	(8.551)			

续表

变量	(1) GreIn	(2) GreIn	(3) GreIn	(4) GreIn
EESG		0.121***		
		(6.818)		
SESG			0.193***	
			(7.402)	
GESG				0.619***
				(6.226)
Age	-0.190***	-0.238***	-0.173***	-0.182***
	(-4.138)	(-4.641)	(-3.778)	(-3.955)
Size	0.270***	0.301***	0.281***	0.283***
	(25.791)	(26.456)	(27.241)	(27.436)
Level	0.373***	0.370***	0.387***	0.359***
	(5.409)	(4.847)	(5.620)	(5.148)
Roa	0.719***	0.883***	0.721***	0.764***
	(3.416)	(3.815)	(3.424)	(3.624)
Cash	0.198***	0.250***	0.211***	0.171**
	(2.755)	(3.033)	(2.925)	(2.362)
Top1	-0.293***	-0.426***	-0.267***	-0.294***
	(-4.120)	(-5.485)	(-3.756)	(-4.107)
Gro	0.046	0.016	0.039	0.042
	(1.270)	(0.407)	(1.090)	(1.174)
Indepdir	0.401**	0.345	0.429**	0.417**
	(2.040)	(1.613)	(2.179)	(2.126)
constant	-3.023***	-2.317***	-2.760***	-4.504***
	(-15.157)	(-10.999)	(-14.236)	(-11.475)
Ind, Year	Yes	Yes	Yes	Yes
Obs.	9266	8043	9266	9266
r2	0.321	0.335	0.319	0.318

第二，更换企业绿色创新水平的度量方法。本书主要基于企业绿色专利申请数量构建绿色创新指标，在稳健性检验中，采用企业次年专利授权数据构建绿色创新指标（*GreIng*），并基于个体、年份的固定效应模型进行检验，如表 4 – 9 所示。回归结果显示，表 4 – 9 中第（1）～第（4）列为仅控制个体年份的回归结果，ESG 评分综合指标（*ESG*）和分项指标（*EESG*、*SESG*、*GESG*）的估计系数分别在 1%、1%、10% 和 5% 水平上显著为正，加入其他控制变量后，第（5）～第（8）列的结果显示 ESG 评分综合指标（*ESG*）和治理分项指标（*GESG*）的系数在 1% 水平上显著为正，环境分项指标的系数在 5% 水平上显著为正，整体上与本书基准回归结果基本一致，表明前文结论依旧稳健。

第三，仅保留制造业为样本进行稳健性分析。由彭博 ESG 数据终端提供的 E、S 和 G 三个方面的细化指标可以看出，“E”类指标更多的是反映制造类企业在环境责任履行方面的表现，在此将样本仅保留制造业进行检验，如表 4 – 10 所示。回归结果显示，ESG 评分综合指标（*ESG*）和分项指标（*EESG*、*SESG*）的估计系数均在 1% 水平上显著为正，*GESG* 的估计系数在 5% 水平上显著为正，表明了企业 ESG 履责对制造业上市公司绿色创新水平产生显著积极影响，本书研究结论未发生实质变化。

第四，同时控制行业和地区固定效应。为了更好地控制地区和行业层面因素可能对结果产生的影响，借鉴斯丽娟和曹昊煜（2022）[219]，在原公司个体、年份双向固定效应的基础上，将地区和行业固定效应同时纳入模型进行检验，如表 4 – 11 所示。回归结果显示，ESG 评分综合指标（*ESG*）、社会责任分项指标（*SESG*）的估计系数在 1% 水平上显著为正，*EESG* 的估计系数 5% 水平上显著为正，*GESG* 的估计系数不显著，与本书主要研究结论一致。

表4-9 稳健性检验：替换被解释变量

变量	(1) GreIng	(2) GreIng	(3) GreIng	(4) GreIng	(5) GreIng	(6) GreIng	(7) GreIng	(8) GreIng
ESG	0.136***				0.112***			
	(3.508)				(2.887)			
EESG		0.046***				0.043**		
		(2.780)				(2.559)		
SESG			0.045*				0.023	
			(1.871)				(0.956)	
GESG				0.210**				0.243***
				(2.272)				(2.626)
Age					0.356**	0.459***	0.354**	0.381**
					(2.411)	(2.849)	(2.396)	(2.570)
Size					0.119***	0.116***	0.121***	0.122***
					(8.405)	(7.174)	(8.510)	(8.683)
Level					-0.001	-0.060	-0.003	0.008
					(-0.013)	(-0.763)	(-0.047)	(0.114)
Roa					-0.289*	-0.259	-0.276*	-0.273*
					(-1.905)	(-1.545)	(-1.817)	(-1.798)

续表

变量	(1) *GreIng*	(2) *GreIng*	(3) *GreIng*	(4) *GreIng*	(5) *GreIng*	(6) *GreIng*	(7) *GreIng*	(8) *GreIng*
Cash					0.067	0.056	0.070	0.062
					(1.431)	(1.059)	(1.488)	(1.320)
*Top*1					-0.023	-0.014	-0.014	-0.025
					(-0.227)	(-0.124)	(-0.136)	(-0.247)
Gro					-0.005	-0.026	-0.005	-0.005
					(-0.224)	(-1.094)	(-0.236)	(-0.263)
Indepdir					0.060	0.157	0.057	0.067
					(0.374)	(0.907)	(0.359)	(0.418)
constant	-0.128	0.196***	0.134*	-0.530	-2.011***	-2.032***	-1.767***	-2.713***
	(-1.122)	(4.965)	(1.834)	(-1.511)	(-4.535)	(-4.267)	(-4.059)	(-4.713)
Firm, Year FE	Yes	Yes	Yes	Yes	Yes	Yes	Yes	Yes
Obs.	8278	7129	8278	8278	8278	7129	8278	8278
r2	0.065	0.063	0.064	0.064	0.076	0.073	0.073	0.076

表4-10　　稳健性检验：仅保留制造业上市公司样本

变量	(1) *GreIn*	(2) *GreIn*	(3) *GreIn*	(4) *GreIn*
ESG	0.261***			
	(4.710)			
EESG		0.083***		
		(3.373)		
SESG			0.183***	
			(4.953)	
GESG				0.330**
				(2.491)
Age	-0.341***	-0.389***	-0.325***	-0.322***
	(-5.215)	(-5.409)	(-5.027)	(-4.898)
Size	0.353***	0.372***	0.359***	0.368***
	(21.353)	(21.412)	(22.137)	(22.703)
Level	0.426***	0.416***	0.444***	0.402***
	(4.460)	(4.039)	(4.640)	(4.140)
Roa	0.648**	0.710**	0.641**	0.658**
	(2.364)	(2.377)	(2.342)	(2.399)
Cash	0.537***	0.563***	0.544***	0.521***
	(5.144)	(4.942)	(5.196)	(4.952)
*Top*1	-0.760***	-0.802***	-0.744***	-0.734***
	(-7.836)	(-7.609)	(-7.695)	(-7.552)
Gro	0.073	0.010	0.068	0.062
	(1.243)	(0.154)	(1.154)	(1.060)
Indepdir	0.675***	0.639**	0.664**	0.665**
	(2.605)	(2.319)	(2.558)	(2.561)
constant	-2.204***	-2.668***	-2.088***	-2.846***
	(-7.760)	(-9.905)	(-7.536)	(-5.565)

续表

变量	(1) *GreIn*	(2) *GreIn*	(3) *GreIn*	(4) *GreIn*
Firm, Year FE	Yes	Yes	Yes	Yes
Obs.	5477	4910	5477	5477
r2	0. 305	0. 313	0. 305	0. 303

表 4-11　稳健性检验：控制个体、行业、地区和年份固定效应

变量	(1) *GreIn*	(2) *GreIn*	(3) *GreIn*	(4) *GreIn*
ESG	0. 198 ***			
	(3. 848)			
EESG		0. 049 **		
		(2. 854)		
SESG			0. 099 ***	
			(3. 173)	
GESG				0. 225
				(1. 629)
Age	0. 003	-0. 101	0. 003	0. 024
	(0. 005)	(-0. 168)	(0. 007)	(0. 053)
Size	0. 209 **	0. 204 ***	0. 209 **	0. 216 **
	(2. 559)	(3. 097)	(2. 570)	(2. 587)
Level	-0. 009	-0. 132	-0. 010	-0. 004
	(-0. 088)	(-1. 084)	(-0. 105)	(-0. 043)
Roa	0. 039	0. 046	0. 050	0. 065
	(0. 162)	(0. 318)	(0. 209)	(0. 265)
Cash	0. 060	0. 082	0. 066	0. 057
	(0. 675)	(0. 793)	(0. 743)	(0. 642)
Top1	-0. 180	-0. 183	-0. 166	-0. 173
	(-1. 111)	(-1. 050)	(-1. 002)	(-1. 058)

续表

变量	(1) GreIn	(2) GreIn	(3) GreIn	(4) GreIn
Gro	-0.041	-0.063	-0.040	-0.042
	(-1.038)	(-1.271)	(-0.994)	(-1.026)
Indepdir	-0.137	-0.199	-0.144	-0.133
	(-0.715)	(-0.890)	(-0.744)	(-0.680)
constant	-1.401	-0.456	-1.118	-1.795**
	(-1.236)	(-0.293)	(-0.957)	(-2.138)
Firm, Ind, Prov, Year FE	Yes	Yes	Yes	Yes
Obs.	9258	8024	9258	9258
r2	0.764	0.777	0.763	0.763

第五，控制宏观经济和行业发展趋势因素。企业绿色创新水平也可能会受到宏观经济和行业因素的影响，为了避免此种因素对研究结论带来干扰，陆菁等（2021）[220]和王修华等（2021）[221]通过加入宏观变量以控制宏观经济以及行业发展因素的影响，但通过加入更多变量以控制此种因素影响的不足之处在于无法穷尽所有影响因素，因此，为尽量避免行业趋势和宏观因素影响等可能造成遗漏变量问题，引入行业与时间趋势（*Trend*）以及省份与年份的交互固定效应进行控制。检验结果如表4-12所示，第（1）~第（4）列为加入行业与时间趋势（*Trend*）交互固定效应的回归结果，ESG评分综合指标（*ESG*）、分项指标（*EESG*、*SESG*、*GESG*）的估计系数分别在1%、10%、5%和5%水平上显著为正，与本书基准回归结果基本一致；第（5）~第（8）列为加入省份与年份的交互固定效应的回归结果，ESG评分综合指标（*ESG*）、分项指标（*EESG*、*SESG*）的估计系数分别在1%、5%、5%水平上显著为正，*GESG*的估计系数不显著，与本书基准回归结果主要结论基本一致，说明控制了宏观因素和行业发展趋势后结果依然稳健。

表 4-12 稳健性检验：控制宏观经济因素和行业发展趋势

变量	(1) *GreIn*	(2) *GreIn*	(3) *GreIn*	(4) *GreIn*	(5) *GreIn*	(6) *GreIn*	(7) *GreIn*	(8) *GreIn*
ESG	0.214***				0.183***			
	(3.849)				(3.342)			
EESG		0.046*				0.041**		
		(2.065)				(2.591)		
SESG			0.089**				0.084**	
			(2.183)				(2.491)	
GESG				0.294**				0.271
				(2.657)				(1.719)
Age	-0.201	-0.362	-0.210	-0.183	0.015	-0.008	0.019	0.055
	(-0.785)	(-1.199)	(-0.801)	(-0.715)	(0.034)	(-0.014)	(0.043)	(0.128)
Size	0.212**	0.209**	0.213**	0.219**	0.196**	0.192***	0.197**	0.202**
	(2.426)	(2.856)	(2.470)	(2.462)	(2.582)	(3.023)	(2.603)	(2.600)
Level	-0.036	-0.139	-0.037	-0.026	-0.015	-0.143	-0.019	-0.011
	(-0.358)	(-1.088)	(-0.375)	(-0.271)	(-0.153)	(-1.259)	(-0.183)	(-0.107)
Roa	0.089	0.097	0.104	0.122	0.140	0.159	0.152	0.166
	(0.616)	(1.137)	(0.717)	(0.819)	(0.622)	(1.228)	(0.672)	(0.714)

续表

变量	(1) GreIn	(2) GreIn	(3) GreIn	(4) GreIn	(5) GreIn	(6) GreIn	(7) GreIn	(8) GreIn
Cash	0. 079	0. 075	0. 090	0. 074	0. 072	0. 070	0. 078	0. 067
	(0. 845)	(0. 668)	(0. 950)	(0. 793)	(0. 793)	(0. 635)	(0. 852)	(0. 751)
*Top*1	−0. 056	−0. 072	−0. 045	−0. 051	−0. 181	−0. 179	−0. 166	−0. 172
	(−0. 379)	(−0. 447)	(−0. 298)	(−0. 334)	(−0. 876)	(−0. 809)	(−0. 795)	(−0. 820)
Gro	−0. 009	−0. 026	−0. 008	−0. 011	−0. 043	−0. 062	−0. 042	−0. 044
	(−0. 217)	(−0. 520)	(−0. 178)	(−0. 243)	(−1. 068)	(−1. 245)	(−1. 042)	(−1. 064)
Indepdir	−0. 112	−0. 114	−0. 120	−0. 111	−0. 069	−0. 093	−0. 072	−0. 062
	(−0. 604)	(−0. 589)	(−0. 637)	(−0. 583)	(−0. 384)	(−0. 436)	(−0. 403)	(−0. 338)
constant	−0. 912	0. 224	−0. 528	−1. 515*	−1. 314	−0. 654	−1. 046	−1. 977**
	(−1. 205)	(0. 293)	(−0. 707)	(−1. 809)	(−1. 205)	(−0. 445)	(−0. 924)	(−2. 134)
Ind × *Trend*	Yes	Yes	Yes	Yes				
Prov × *Year*					Yes	Yes	Yes	Yes
Obs.	9258	8024	9258	9258	9257	8022	9257	9257
r2	0. 767	0. 781	0. 767	0. 767	0. 772	0. 786	0. 772	0. 772

4.5 作用机制检验

本章主要结论显示 ESG 履责总体上促进企业绿色创新水平提升，结合前文理论分析，此处分别选取财务约束、企业声誉和分析师跟踪多重视角检验其作用机制。借鉴温忠麟和叶宝娟(2014)[222]，采用中介效应模型（4.3）、模型（4.4）为：

$$Channel_{i,t} = \alpha + a\,ESG_{i,t} + \gamma\,Controls_{i,t} + \sum Firm_i + \sum Year_t + e_{i.t} \tag{4.3}$$

$$GreIn_{i,t} = \alpha + c'\,ESG_{i,t} + b\,Channel_{i,t} + \gamma\,Controls_{i,t} + \sum Firm_i + \sum Year_t + e_{i.t} \tag{4.4}$$

其中，$Channel_{i,t}$ 表示企业 ESG 履责影响绿色创新的作用机制。温忠麟等（2004）[223]中介效应检验程序：根据中介效应常用的逐步检验回归系数方法（以下简称“逐步法”），在基准回归结果基础上（见表 4－3），若模型（4.3）中 a 系数显著，同时模型（4.4）中 b 系数也显著，则认为该作用机制发挥了显著中介效应，根据江艇（2022）[224]，完全中介或部分中介并非有价值的结论，故在此仅做中介效应是否显著的探讨。

4.5.1 企业 ESG 履责、财务约束与绿色创新

根据前文理论分析，ESG 履责表现较好企业会吸引更多客户及投资者，可增加公司现金流、降低资本成本（沈洪涛和马正彪，2014[50]），从而通过缓解财务约束促进企业绿色技术创新水平的提升。表 4－13 检验了 ESG 履责是否通过缓解财务约束进而提升企业绿色创新水平。财务约束机制，分别用现金流（*Cashflow*，该年企业的经营活动现金流量的自然对数）和融资约束度量，其中融

资约束借鉴 Hadlock 和 Pierce（2010）[225]的研究，使用企业规模（*Size*）和企业年龄（*Age*）两个随时间变化不大的变量构建 SA 指数：$SA = -0.737 \times Size + 0.043 \times Size^2 - 0.040 \times Age$，然后对 SA 指数取绝对值来表示融资约束（*AbsSA*），该值越大，则企业面临的融资约束越强。以 *Cashflow* 和 *AbsSA* 为中介变量的检验结果见表 4-13。表4-13第（1）列结果显示，*ESG* 和 *Cashflow* 的估计系数在1%水平上显著为正，第（2）列中 *ESG* 和 *GreIn* 的估计系数在1%水平上显著为正，*Cashflow* 和 *GreIn* 的估计系数在1%水平上显著为正，说明企业 ESG 履责有助于增加公司经营活动现金流入，促进企业绿色创新水平提升；第（3）列结果显示，*ESG* 和 *AbsSA* 的估计系数在1%水平上显著为负，第（4）列结果显示，*ESG* 和 *GreIn* 的估计系数在1%水平上显著为正，*AbsSA* 和 *GreIn* 的估计系数在1%水平上显著为负，说明 ESG 履责通过缓解企业面临的融资约束，促进了绿色创新水平的提升。综上所述，ESG 履责会通过缓解企业财务约束，进而提升其绿色创新水平，验证了财务约束这一作用途径，佐证了前文的理论分析。

表4-13　　作用机制检验：财务约束

变量	(1) *Cashflow*	(2) *GreIn*	(3) *AbsSA*	(4) *GreIn*
ESG	0.656 ***	0.301 ***	-0.109 ***	0.180 ***
	(14.211)	(7.011)	(-20.994)	(4.705)
Cashflow		0.067 ***		
		(6.333)		
AbsSA				-1.476 ***
				(-19.678)
Age	0.065	-0.162 ***	0.815 ***	1.014 ***
	(1.202)	(-3.272)	(136.660)	(13.563)
Size	0.634 ***	0.244 ***	-0.055 ***	0.189 ***
	(52.736)	(18.929)	(-41.557)	(18.087)

续表

变量	(1) Cashflow	(2) GreIn	(3) AbsSA	(4) GreIn
level	1.688 ***	0.265 ***	-0.063 ***	0.279 ***
	(19.383)	(3.247)	(-6.536)	(4.000)
Roa	7.736 ***	0.078	0.138 ***	0.923 ***
	(27.599)	(0.290)	(4.538)	(4.211)
Cash	0.366 ***	0.218 ***	-0.065 ***	0.102
	(4.541)	(2.940)	(-7.224)	(1.581)
*Top*1	0.646 ***	-0.384 ***	-0.012	-0.311 ***
	(7.633)	(-4.930)	(-1.279)	(-4.577)
Gro	-0.018	0.078 *	-0.008	0.034
	(-0.383)	(1.794)	(-1.623)	(0.937)
Indepdir	0.592 ***	0.389 *	-0.215 ***	0.083
	(2.641)	(1.891)	(-8.569)	(0.455)
constant	10.515 ***	-3.625 ***	2.352 ***	0.826 ***
	(41.693)	(-14.148)	(84.511)	(3.092)
Firm, Year FE	Yes	Yes	Yes	Yes
Obs.	7613	7613	9266	9266
r2	0.548	0.303	0.750	0.317

4.5.2 企业 ESG 履责、企业声誉与绿色创新

根据前文声誉理论的分析，ESG 履责情况较好企业，有助于向外界营造良好的正面形象，获取声誉资源，提高绿色创新水平；同时，声誉惩罚效应会使企业面临的合法性压力增加（尹建华和双琦，2022[226]），利益相关者的诉求会促使企业投入绿色创新。表 4－14 第（1）～第（2）列检验了 ESG 履责是否通过提升企业声誉进而促进了企业绿色创新水平的提升。其中，企业声誉机制，借鉴周丽萍等（2016）[227]、刘艳博和耿修林（2021）[228]、沈非等（2022）[229]的研究，选取企业无形资产的对数作为企业声誉的替代

变量。根据逐步法的结果显示，第（1）列中，*ESG* 和 *Repu* 的估计系数在1%水平上显著为正，第（2）列中，*ESG* 和 *GreIn* 的估计系数在1%水平上显著为正，*Repu* 和 *GreIn* 的估计系数在1%水平上显著为正，证实了ESG履责对企业声誉有正向效应，验证了企业声誉这一作用机制。

4.5.3　企业ESG履责、企业信息披露质量与绿色创新

基于信息不对称理论，ESG履责表达出企业可持续发展观，会引起投资者、分析师等市场参与者关注，增加企业信息质量和透明度，进而对公司产生一系列影响。同时，高质量的信息披露可以降低信息不对称和代理问题，促进企业投资绿色创新。表4-14的第（3）~第（4）列检验了ESG履责是否通过提升企业信息披露质量，进而提升企业绿色创新水平。公司信息披露质量指标选取上，借鉴Moshirian等（2017）[230]用分析师跟踪（*Alyst*）作为公司信息披露质量的代理变量，分析师跟踪（*Alyst*）为 *i* 企业 *t* 年分析师跟踪的数量加1的自然对数。逐步法检验的结果显示，第（3）列中，*ESG* 和 *Alyst* 的估计系数在1%水平上显著为正，第（4）列中，*ESG* 和 *GreIn* 的估计系数在1%水平上显著为正，*Alyst* 和 *GreIn* 的估计系数在1%水平上显著为正，检验结果显示企业信息披露质量发挥显著中介效应，验证了信息披露质量这一作用机制。

表4-14　　作用机制检验：企业声誉和信息披露质量

变量	(1) *Repu*	(2) *GreIn*	(3) *Alyst*	(4) *GreIn*
ESG	0.249***	0.174***	0.485***	0.155***
	(5.003)	(3.538)	(9.495)	(3.174)
Repu		0.080***		
		(7.257)		

续表

变量	(1) *Repu*	(2) *GreIn*	(3) *Alyst*	(4) *GreIn*
Alyst				0.068 ***
				(6.425)
Age	-0.078	0.017	0.068	-0.006
	(-0.431)	(0.094)	(0.369)	(-0.034)
Size	0.713 ***	0.170 ***	0.293 ***	0.198 ***
	(39.357)	(8.663)	(15.843)	(11.070)
Level	0.742 ***	-0.080	-0.023	-0.014
	(8.370)	(-0.906)	(-0.251)	(-0.167)
Roa	0.027	0.018	4.428 ***	-0.266
	(0.137)	(0.095)	(22.258)	(-1.366)
Cash	-0.284 ***	0.088	0.280 ***	0.047
	(-4.737)	(1.486)	(4.537)	(0.799)
Top1	0.015	-0.171	-0.248 *	-0.153
	(0.117)	(-1.305)	(-1.843)	(-1.195)
Gro	-0.031	-0.033	0.195 ***	-0.048 *
	(-1.176)	(-1.249)	(7.123)	(-1.846)
Indepdir	-0.197	-0.154	-0.205	-0.154
	(-0.955)	(-0.754)	(-0.972)	(-0.767)
constant	12.277 ***	-2.849 ***	-1.787 ***	-1.617 ***
	(22.564)	(-5.133)	(-3.206)	(-3.046)
Firm, Year FE	Yes	Yes	Yes	Yes
Obs.	9156	9156	9266	9266
r2	0.366	0.167	0.203	0.166

4.6　基于“宏观—中观—微观”多维视角的异质性检验

4.6.1　区域环境因素

（1）区域碳排放

碳排放较高区域面临较强的控碳压力，为了切实践行“双碳”政策，高碳排放区域将会面临更严格的环境监管压力，域内公司可能面临较为严格的环境监管风险，环境监管力度越大，企业环境相关的监管成本也越高。为了应对监管风险，企业很可能会在现有资源条件下进行短视行为，这将不利于企业开展绿色创新活动。根据前文理论分析，ESG履责情况较好的企业可获得声誉资源，以及面临相对较低的财务约束，能显著缓解此类监管风险，将资源投资绿色技术创新等有助于实现其可持续发展目标的项目。因此，在碳排放较高区域，ESG可能发挥更显著的作用。本书依据企业所在省（直辖市）二氧化碳排放量，若碳排放高于均值被划分为高碳排放区域组，反之为低碳排放区域组，基于以上分组的检验如表4-15所示。结果显示，当企业所在区域碳排放量较高时，综合指标（*ESG*）和*GreIn*均在1%水平上显著正相关，环境分项指标（*EESG*）和*GreIn*在5%水平上显著正相关，社会分项指标（*SESG*）和*GreIn*在10%水平上显著正相关，治理分项指标（*GESG*）和*GreIn*的估计系数不显著，综合来看，以上相关关系在低碳排放区域不显著或较弱，即ESG履责对企业绿色创新的正向影响在高碳排放压力下能发挥更加显著的作用，企业ESG履责整体表现以及对环境和社会方面履责能显著缓解环境相关的高度监管压力和风险，有利于其投资绿色技术创新。以上结果证实企业对环境、社会履责能显著对冲企业面临相关风险的不利影响，在风险较大时对绿色创新能发挥更加显著的积极作用。

（2）区域环境规制

为探究在面临环境规制压力时 ESG 履责是否对企业绿色创新产生更显著的积极效应，本书借鉴 Chen 等（2018）[231]、陈诗一和陈登科（2018）[74]、邓慧慧和杨露鑫（2019）[232]的方法，采用地方政府工作报告中与“环保”一词相关词汇出现的词频占报告全文字数的比重作为区域环境规制的代理变量①，一方面，能够反映当地政府进行环境治理的力度；另一方面，能够反映该区域的环保意识。根据前文分析，面临较强环境规制压力时，ESG 履责带来的声誉资源和较低的财务约束，有利于企业投资绿色技术创新；另外，政府工作报告中高频次“环保”相关词汇也体现了该区域重视环保的理念和较强的环保意识，此情境下利益相关者会更加注重企业的可持续发展，企业为了满足利益相关者价值诉求，也会积极投资绿色创新。因此，本书根据企业所在区域（地级市）环境规制强度进行分组，若该强度大于中位数被划分为区域环境规制强度较高组，反之为强度较低组。基于以上分组的检验如表 4 - 16 所示。结果显示，当企业所在区域环境规制强度较高时，综合指标（*ESG*）和环境、社会责任分项指标（*EESG*、*SESG*）与 *GreIn* 均在 1% 水平上显著正相关，但以上相关关系在环境规制强度较低组较弱或不显著，即 ESG 对绿色创新的促进作用在环境规制较强时更为凸显，企业 ESG 履责整体表现以及对环境和社会方面履责能显著缓解环境相关的规制压力，使企业更好地适应并应对当地环保理念和环境政策，积极投资绿色技术创新，实践发展可持续性。

---

① 借鉴邓慧慧和杨露鑫（2019），本书使用的与环境相关词汇具体包括：环境保护、环保、污染、能耗、减排、排污、生态、绿色、低碳、空气、化学需氧量、二氧化硫、二氧化碳、PM10 以及 PM2.5 等。

表4-15 **异质性检验：区域碳排放**

变量	高碳排放				低碳排放			
	(1)	(2)	(3)	(4)	(5)	(6)	(7)	(8)
	GreIn	*GreIn*	*GreIn*	*GreIn*	*GreIn*	*GreIn*	*GreIn*	*GreIn*
ESG	0.197***				0.082			
	(2.997)				(1.121)			
EESG		0.061**				0.007		
		(2.204)				(0.222)		
SESG			0.078*				0.064	
			(1.881)				(1.367)	
GESG				-0.005				0.407*
				(-0.034)				(2.194)
Age	-0.391	-0.656**	-0.406	-0.415	0.341	0.506**	0.346	0.359
	(-1.443)	(-2.156)	(-1.499)	(-1.519)	(1.444)	(2.014)	(1.463)	(1.522)
Size	0.288***	0.276***	0.290***	0.296***	0.120***	0.123***	0.118***	0.124***
	(11.748)	(9.874)	(11.811)	(12.144)	(4.670)	(4.187)	(4.588)	(4.834)
Level	-0.064	-0.138	-0.069	-0.081	-0.032	-0.177	-0.035	-0.016
	(-0.528)	(-1.014)	(-0.573)	(-0.666)	(-0.259)	(-1.256)	(-0.278)	(-0.131)

续表

变量	高碳排放				低碳排放			
	(1)	(2)	(3)	(4)	(5)	(6)	(7)	(8)
	GreIn	*GreIn*	*GreIn*	*GreIn*	*GreIn*	*GreIn*	*GreIn*	*GreIn*
Roa	0.069	0.200	0.086	0.086	-0.166	-0.222	-0.174	-0.167
	(0.271)	(0.706)	(0.338)	(0.339)	(-0.581)	(-0.715)	(-0.609)	(-0.586)
Cash	0.039	0.057	0.048	0.048	0.081	0.111	0.084	0.071
	(0.457)	(0.601)	(0.565)	(0.561)	(1.003)	(1.227)	(1.039)	(0.883)
Top1	-0.154	-0.211	-0.143	-0.140	-0.409**	-0.251	-0.403*	-0.411**
	(-0.921)	(-1.146)	(-0.854)	(-0.838)	(-1.991)	(-1.098)	(-1.961)	(-2.004)
Gro	-0.024	-0.055	-0.023	-0.025	-0.054	-0.071*	-0.052	-0.054
	(-0.655)	(-1.312)	(-0.644)	(-0.687)	(-1.431)	(-1.676)	(-1.398)	(-1.437)
Indepdir	0.287	0.464	0.280	0.300	-0.508*	-0.708**	-0.505*	-0.496*
	(0.967)	(1.446)	(0.944)	(1.010)	(-1.860)	(-2.440)	(-1.849)	(-1.818)
constant	-1.428*	-0.158	-1.067	-0.850	-1.319*	-1.470*	-1.269*	-2.714***
	(-1.800)	(-0.180)	(-1.370)	(-0.823)	(-1.797)	(-1.925)	(-1.762)	(-2.670)
Firm, Year FE	Yes	Yes	Yes	Yes	Yes	Yes	Yes	Yes
Obs.	5521	4791	5521	5521	3745	3252	3745	3745
r2	0.181	0.166	0.180	0.179	0.138	0.137	0.139	0.139

表4-16 异质性检验：区域环境规制

变量	环境规制强度较高组				环境规制强度较低组			
	(1)	(2)	(3)	(4)	(5)	(6)	(7)	(8)
	GreIn	*GreIn*	*GreIn*	*GreIn*	*GreIn*	*GreIn*	*GreIn*	*GreIn*
ESG	0.357***				0.133*			
	(5.010)				(1.715)			
EESG		0.098***				0.034		
		(3.173)				(1.011)		
SESG			0.186***				0.055	
			(4.017)				(1.103)	
GESG				0.276				0.152
				(1.592)				(0.777)
Age	-0.170	-0.261	-0.124	-0.124	0.202	0.258	0.197	0.221
	(-0.629)	(-0.897)	(-0.456)	(-0.455)	(0.752)	(0.876)	(0.731)	(0.821)
Size	0.190***	0.178***	0.191***	0.202***	0.254***	0.246***	0.255***	0.259***
	(7.079)	(5.868)	(7.118)	(7.553)	(9.129)	(7.535)	(9.116)	(9.338)
Level	0.154	-0.015	0.150	0.146	-0.258*	-0.350**	-0.259*	-0.250*
	(1.210)	(-0.106)	(1.178)	(1.139)	(-1.849)	(-2.186)	(-1.858)	(-1.785)

续表

变量	环境规制强度较高组				环境规制强度较低组			
	(1)	(2)	(3)	(4)	(5)	(6)	(7)	(8)
	GreIn	*GreIn*	*GreIn*	*GreIn*	*GreIn*	*GreIn*	*GreIn*	*GreIn*
Roa	0. 027	-0. 288	0. 038	0. 047	0. 306	0. 550	0. 326	0. 336
	(0. 099)	(-0. 972)	(0. 140)	(0. 172)	(1. 009)	(1. 616)	(1. 077)	(1. 111)
Cash	-0. 010	0. 038	-0. 001	-0. 015	0. 032	0. 011	0. 037	0. 031
	(-0. 114)	(0. 377)	(-0. 012)	(-0. 161)	(0. 367)	(0. 113)	(0. 426)	(0. 358)
*Top*1	0. 000	0. 153	0. 023	0. 027	-0. 279	-0. 349	-0. 268	-0. 277
	(0. 000)	(0. 740)	(0. 118)	(0. 138)	(-1. 370)	(-1. 543)	(-1. 318)	(-1. 361)
Gro	-0. 080 **	-0. 065	-0. 078 **	-0. 078 **	-0. 045	-0. 100 **	-0. 045	-0. 048
	(-2. 114)	(-1. 545)	(-2. 049)	(-2. 045)	(-1. 076)	(-1. 985)	(-1. 084)	(-1. 148)
Indepdir	0. 093	0. 018	0. 076	0. 106	-0. 421	-0. 398	-0. 416	-0. 419
	(0. 306)	(0. 055)	(0. 249)	(0. 349)	(-1. 363)	(-1. 190)	(-1. 344)	(-1. 354)
constant	-1. 785 **	-0. 522	-1. 435 *	-2. 038 *	-2. 152 ***	-1. 851 **	-1. 925 **	-2. 440 **
	(-2. 212)	(-0. 611)	(-1. 796)	(-1. 919)	(-2. 637)	(-2. 098)	(-2. 409)	(-2. 175)
Firm，Year FE	Yes	Yes	Yes	Yes	Yes	Yes	Yes	Yes
Obs.	4955	4365	4955	4955	4311	3678	4311	4311
r2	0. 169	0. 162	0. 169	0. 169	0. 155	0. 137	0. 153	0. 150

4.6.2 行业竞争压力

根据资源基础理论，企业创新是其维持行业竞争力竞争优势的关键，激烈的行业竞争会激发企业投资创新活动，有能力的企业在激烈的竞争中通过创新活动获取竞争优势，形成资源集聚和差异化行业竞争力。企业ESG活动有助于其获取绿色竞争优势，在面临行业竞争压力时，ESG履责较好的企业则向外界信息使用者传递积极信号，树立良好的负责任形象，有助于提高利益相关者信心，为企业投资绿色创新提供资源支持（吴迪等，2020[233]）。因此，在行业竞争较激烈时，企业ESG履责行为可以更显著地促进企业开展绿色创新活动。依照证监会二级行业分类标准，本书计算了行业集中度指标（HHI），具体为将行业内每家公司主营业务收入与行业主营业务收入总和比值的平方累加所得，该指标越大，说明行业集中度越高，行业竞争越小，反之则行业竞争越大。并根据行业每年的HHI指标大小进行分组，大于当年中位数的行业被划分为行业集中度较高组，反之为行业集中度较低组，表4-17汇报了该分组检验的结果。结果显示，在行业集中度较低组，综合指标（*ESG*）和社会、治理分项指标（*SESG*、*GESG*）与*GreIn*均在1%水平上显著正相关，但以上相关关系在行业集中度较高组均不显著，即ESG对绿色创新的正向影响在高竞争压力下更为凸显，以上结果证实了企业ESG履责整体表现以及对社会和治理方面履责能有助于企业积极应对市场竞争压力，促进绿色创新水平的提升。

4.6.3 企业人力资源

资源基础观认为，企业所拥有的资源是影响其投资决策的关键因素，也是企业进行环境治理时必须考虑的刚性因素（李青原和肖泽华，2020[88]）。Barney和Arikan（2005）[92]认为，人力资源是企业创造核心竞争力的主要来源，管理者是企业重要的人力资源，也是企业进行环境管理的重要角色。本书从企业人力资源视角，选取企业高管持股和高管素质（教育水平）两个维度，考察企业人力资源基础如何影响 ESG 与企业绿色创新活动的关系。

（1）企业高管持股

为了激励管理者尽责勤勉地为企业长期发展服务，企业往往会采用股权激励计划，能力较强的管理者通过实现此种激励计划所要求的条件进而持有较多的股权，对企业的投资活动拥有更高的决策权。同时，高能力管理者风险承担和对短期失败的容忍度更高（Flammer and Bansal，2017[207]；Mao and Zhang，2018[234]），更加关注企业的长期价值创造（Tsang et al.，2021[235]），从而更多地参与绿色创新活动。借鉴李青原和和肖泽华（2020）[88]，采用高管持股比例来度量企业人力资源，当高管持股比例大于中位数时，被划分为高管持股比例较高组，反之为高管持股比例较低组。基于以上分组的检验如表 4 – 18 所示。结果显示，当企业高管持股比例较高时，综合指标（*ESG*）和社会责任分项指标（*SESG*）与 *GreIn* 均在 1% 水平上显著正相关；在高管持股比例较低组，只有 ESG 分项指标治理（*GESG*）和 *GreIn* 在 10% 水平上显著为正，说明在高管持股比例较低时，企业可通过强化内部治理促进绿色创新水平提升。综上所述，企业 ESG 履责对绿色创新的正向影响在高管持股比例较高组更为凸显。

（2）高管教育水平

党的二十大报告提出“人才是第一资源”，“教育、科技、人才是全面建设社会主义现代化国家的基础性、战略性支撑”。赵曙明（2012）[236]认为高素质员工提高企业人力资本，可体现为较高的团队协作性、环境适应性和创新积极性。体现在管理者层面，Demerjian 等（2013）[237]认为高素质管理者拥有的创新意识更强，可以领导企业创造独特的竞争优势，Amore 等（2019）[238]研究得出，受过高等教育的 CEO 表现出的更高的环境意识显著增加了他们对绿色创新的热情。因此借鉴 Call 等（2017）[239]的研究，运用加权平均的方法计算企业高管整体受教育水平。并构建如下模型（4.5）：

$$EDUEX_{i,t} = \sum_{i=1}^{n} \frac{Edu_i \times TE_{it}}{TE_{it}} \tag{4.5}$$

其中，TE_{it}代表公司 i 在第 t 年拥有相应学历的高管人数。Edu_i 为教育等级，通过系统赋值并以此作为计算高管平均教育水平的权重。其中，6 表示完成 12 年及以下学校教育，即学历为高中及以下；8 表示完成 13 年或 14 年学校教育，即学历为专科；10 表示完成 4 年大学教育，即学历为大学本科；12 表示完成 5 年以上大学教育，即学历为硕士及以上。最终加权得出公司 i 在 t 年的高管教育水平综合指标（$EDUEX_{i,t}$），本书在此基础上根据均值进行分组，即大于均值的企业被划分为高管学历层次较高组，反之为高管学历层次较低组，基于以上分组的检验如表 4－19 所示。结果显示，当企业高管学历层次较高时，综合指标（*ESG*）和环境、社会责任分项指标（*EESG*、*SESG*）与 *GreIn* 的估计系数分别在 1%、1% 和 10% 水平上显著正相关，但高管学历层次较低组，仅有社会责任分项指标（*SESG*）与 *GreIn* 的估计系数在 10% 水平上显著正相关，即 ESG 对绿色创新的正向影响在高管学历层次较高的企业中更为凸显。

4.7　本章小结

本章节以企业绿色创新为视角，探索 ESG 履责对创新发展的深层影响关系，有助于解读企业高质量发展的驱动因素且优化相关政策，对切实践行“双碳”目标、贯彻新发展理念具有很强的理论和现实意义。

表 4 – 17　**异质性检验：行业集中度**

变量	行业集中度较高组				行业集中度较低组			
	(1)	(2)	(3)	(4)	(5)	(6)	(7)	(8)
	GreIn	*GreIn*	*GreIn*	*GreIn*	*GreIn*	*GreIn*	*GreIn*	*GreIn*
ESG	0.079				0.261***			
	(1.155)				(3.623)			
EESG		0.045				0.051		
		(1.602)				(1.581)		
SESG			0.026				0.116***	
			(0.587)				(2.582)	
GESG				-0.165				0.548***
				(-0.966)				(3.076)
Age	0.187	0.264	0.186	0.175	-0.376	-0.756**	-0.360	-0.318
	(0.800)	(1.045)	(0.797)	(0.749)	(-1.279)	(-2.343)	(-1.225)	(-1.077)
Size	0.158***	0.159***	0.158***	0.159***	0.272***	0.291***	0.275***	0.283***
	(6.456)	(5.813)	(6.446)	(6.517)	(9.493)	(8.710)	(9.569)	(9.953)
Level	-0.013	-0.057	-0.014	-0.022	0.030	-0.217	0.021	0.041
	(-0.105)	(-0.411)	(-0.115)	(-0.183)	(0.228)	(-1.471)	(0.162)	(0.312)

续表

变量	行业集中度较高组				行业集中度较低组			
	(1)	(2)	(3)	(4)	(5)	(6)	(7)	(8)
	GreIn	*GreIn*	*GreIn*	*GreIn*	*GreIn*	*GreIn*	*GreIn*	*GreIn*
Roa	-0.045	0.071	-0.038	-0.033	0.305	0.222	0.318	0.327
	(-0.176)	(0.251)	(-0.147)	(-0.129)	(1.042)	(0.681)	(1.086)	(1.117)
Cash	0.105	0.139	0.108	0.112	0.065	0.070	0.073	0.047
	(1.285)	(1.542)	(1.317)	(1.371)	(0.750)	(0.713)	(0.839)	(0.539)
*Top*1	-0.053	-0.011	-0.044	-0.033	-0.381*	-0.460**	-0.364*	-0.389**
	(-0.286)	(-0.057)	(-0.238)	(-0.178)	(-1.932)	(-2.091)	(-1.848)	(-1.974)
Gro	-0.005	-0.010	-0.005	-0.005	-0.093**	-0.119**	-0.091**	-0.094**
	(-0.142)	(-0.252)	(-0.141)	(-0.154)	(-2.319)	(-2.577)	(-2.263)	(-2.351)
Indepdir	-0.074	0.018	-0.073	-0.077	0.099	-0.060	0.087	0.100
	(-0.271)	(0.062)	(-0.269)	(-0.284)	(0.316)	(-0.177)	(0.280)	(0.321)
constant	-1.588**	-1.701**	-1.442**	-0.715	-1.356	0.421	-1.009	-2.935***
	(-2.256)	(-2.276)	(-2.094)	(-0.733)	(-1.543)	(0.438)	(-1.161)	(-2.615)
Firm, Year FE	Yes	Yes	Yes	Yes	Yes	Yes	Yes	Yes
Obs.	4660	4099	4660	4660	4606	3944	4606	4606
r2	0.137	0.135	0.137	0.137	0.183	0.169	0.181	0.182

表 4-18　　异质性检验：企业高管持股

变量	高管持股比例较高组				高管持股比例较低组			
	(1)	(2)	(3)	(4)	(5)	(6)	(7)	(8)
	GreIn	*GreIn*	*GreIn*	*GreIn*	*GreIn*	*GreIn*	*GreIn*	*GreIn*
ESG	0.182***				0.083			
	(2.588)				(1.139)			
EESG		0.027				0.025		
		(0.898)				(0.807)		
SESG			0.155***				0.001	
			(3.348)				(0.019)	
GESG				-0.072				0.336*
				(-0.401)				(1.959)
Age	0.272	0.141	0.270	0.302	-0.358	-0.386	-0.368	-0.304
	(1.044)	(0.517)	(1.037)	(1.162)	(-1.312)	(-1.249)	(-1.350)	(-1.107)
Size	0.175***	0.182***	0.170***	0.180***	0.181***	0.190***	0.183***	0.184***
	(6.119)	(5.668)	(5.936)	(6.309)	(7.147)	(6.552)	(7.227)	(7.316)
Level	0.048	-0.032	0.061	0.048	-0.028	-0.097	-0.034	-0.020
	(0.324)	(-0.199)	(0.416)	(0.325)	(-0.243)	(-0.730)	(-0.289)	(-0.172)

续表

变量	高管持股比例较高组				高管持股比例较低组			
	(1)	(2)	(3)	(4)	(5)	(6)	(7)	(8)
	GreIn	*GreIn*	*GreIn*	*GreIn*	*GreIn*	*GreIn*	*GreIn*	*GreIn*
Roa	0.432	0.448	0.456	0.464	-0.058	0.053	-0.047	-0.045
	(1.383)	(1.324)	(1.461)	(1.484)	(-0.231)	(0.185)	(-0.185)	(-0.179)
Cash	0.011	-0.005	0.018	0.010	0.039	0.128	0.042	0.028
	(0.135)	(-0.053)	(0.214)	(0.113)	(0.439)	(1.271)	(0.470)	(0.317)
*Top*1	-0.341	-0.430*	-0.316	-0.313	0.091	0.260	0.091	0.072
	(-1.594)	(-1.818)	(-1.478)	(-1.462)	(0.514)	(1.334)	(0.515)	(0.407)
Gro	-0.054	-0.066	-0.052	-0.053	-0.028	-0.053	-0.029	-0.028
	(-1.360)	(-1.440)	(-1.291)	(-1.335)	(-0.800)	(-1.300)	(-0.826)	(-0.794)
Indepdir	-0.469	-0.564*	-0.482	-0.475	0.110	0.176	0.112	0.124
	(-1.499)	(-1.701)	(-1.541)	(-1.516)	(0.394)	(0.575)	(0.402)	(0.444)
constant	-1.895**	-0.985	-1.792**	-1.230	-0.423	-0.286	-0.181	-1.631
	(-2.393)	(-1.189)	(-2.292)	(-1.169)	(-0.521)	(-0.320)	(-0.228)	(-1.513)
Firm, Year FE	Yes	Yes	Yes	Yes	Yes	Yes	Yes	Yes
Obs.	4643	4065	4643	4643	4623	3978	4623	4623
r2	0.175	0.164	0.176	0.174	0.117	0.113	0.117	0.118

表 4 - 19　　异质性检验：高管教育水平

变量	高管学历层次较高组				高管学历层次较低组			
	(1)	(2)	(3)	(4)	(5)	(6)	(7)	(8)
	GreIn	*GreIn*	*GreIn*	*GreIn*	*GreIn*	*GreIn*	*GreIn*	*GreIn*
ESG	0.186***				0.096			
	(3.030)				(1.113)			
EESG		0.076***				0.003		
		(2.816)				(0.087)		
SESG			0.071*				0.086*	
			(1.717)				(1.719)	
GESG				-0.002				0.198
				(-0.013)				(0.928)
Age	0.215	0.206	0.221	0.224	-0.338	-0.440	-0.341	-0.340
	(0.944)	(0.827)	(0.970)	(0.980)	(-0.904)	(-1.091)	(-0.914)	(-0.911)
Size	0.226***	0.223***	0.228***	0.234***	0.193***	0.181***	0.191***	0.194***
	(9.583)	(8.350)	(9.592)	(9.973)	(6.541)	(5.326)	(6.497)	(6.586)
Level	-0.030	-0.172	-0.036	-0.040	-0.146	-0.200	-0.139	-0.142
	(-0.263)	(-1.344)	(-0.317)	(-0.349)	(-1.037)	(-1.278)	(-0.992)	(-1.015)

续表

变量	高管学历层次较高组				高管学历层次较低组			
	(1)	(2)	(3)	(4)	(5)	(6)	(7)	(8)
	GreIn	*GreIn*	*GreIn*	*GreIn*	*GreIn*	*GreIn*	*GreIn*	*GreIn*
Roa	0.019	0.033	0.035	0.053	-0.273	-0.146	-0.263	-0.264
	(0.082)	(0.125)	(0.148)	(0.225)	(-0.822)	(-0.405)	(-0.793)	(-0.796)
Cash	0.005	0.017	0.014	0.013	0.100	0.136	0.099	0.095
	(0.059)	(0.199)	(0.174)	(0.162)	(1.039)	(1.268)	(1.036)	(0.993)
*Top*1	0.006***	0.006***	0.006***	0.006***	0.001	0.002	0.001	0.001
	(4.131)	(3.856)	(4.245)	(4.198)	(0.383)	(1.188)	(0.398)	(0.375)
Gro	-0.077**	-0.109***	-0.078**	-0.079**	0.018	-0.007	0.019	0.017
	(-2.357)	(-2.889)	(-2.358)	(-2.410)	(0.414)	(-0.142)	(0.433)	(0.382)
Indepdir	-0.221	-0.280	-0.221	-0.220	-0.378	-0.344	-0.379	-0.379
	(-0.824)	(-0.980)	(-0.823)	(-0.817)	(-1.197)	(-1.001)	(-1.199)	(-1.200)
constant	-2.690***	-2.161***	-2.399***	-2.242**	-0.385	0.181	-0.343	-0.863
	(-3.929)	(-2.930)	(-3.555)	(-2.457)	(-0.344)	(0.151)	(-0.312)	(-0.637)
Firm, Year FE	Yes	Yes	Yes	Yes	Yes	Yes	Yes	Yes
Obs.	5784	4979	5784	5784	3482	3064	3482	3482
r2	0.153	0.139	0.152	0.151	0.164	0.158	0.164	0.164

采用 2011—2020 年沪深 A 股上市公司数据，深入探讨了企业 ESG 履责是否会驱动绿色创新水平的提升，从财务约束、企业声誉和信息披露质量方面着手，分别选取企业经营现金流、融资约束、企业声誉和分析师跟踪多重机制剖析其作用路径，并从宏观区域层面（区域碳排放压力和区域环境规制压力）、中观行业层面（行业竞争程度）以及微观企业层面（企业人力资源）方面探索影响异质性，具体得到以下结论：

第一，企业 ESG 履责可以促进绿色创新水平提升，在使用工具变量法、Heckman 两阶段模型和准自然实验等缓解内生性问题，以及更换主回归模型、替代被解释变量、改变样本范围（保留制造行业）以及控制行业发展和宏观经济因素等稳健性检验后，这一结论仍然成立。

第二，企业 ESG 履责可以通过缓解财务约束促进其绿色创新水平提升，具体为企业 ESG 履责通过增加企业现金流入、缓解融资约束，促进了绿色创新水平的提升；企业 ESG 履责可以通过提升企业声誉促进其绿色创新水平提升，具体为企业 ESG 履责有助于构建声誉资源，促进其开展绿色创新活动，促进绿色创新水平的提升；ESG 履责可以通过提高企业信息披露质量促进企业绿色创新水平提升，具体为 ESG 非财务信息披露引起分析师关注，会增加公司信息披露质量，强化企业 ESG 履责的“信息效应”，促进企业进行环保投资和长期价值创造。

第三，当企业处于高碳排放和环境规制压力时，ESG 对绿色创新水平的提升效应更为显著；当企业所在行业竞争压力较大时，ESG 对企业绿色创新的促进作用更加凸显；当企业人力资源基础较好时，ESG 履责对企业绿色创新的促进作用也更加凸显。

本章研究结论证实了企业 ESG 履责促进了绿色创新水平的提升，助力企业加快发展方式绿色转型，实现高质量发展。研究结论为促进企业积极履责 ESG 以及切实践行绿色高质量发展具有很强的理论和现实意义。

第5章

ESG 履责赋能企业效率提升——基于全要素生产率视角的分析

随着“双碳”目标的提出，我国上市公司在应对气候变化和碳排放方面面临着信息披露压力，ESG 理念的快速发展，为科学考察企业对环境、社会、公司治理的尽责效果提供了重要参考。企业 ESG 不但能提供有关公司基本面的信息，而且影响着投资者偏好（Pedersen et al.，2021[36]），多数文献肯定了企业 ESG 履责对公司的显著积极作用。部分研究表明，宏观经济增长取决于微观层面企业生产率的提高（Giang et al.，2019[11]），生产率的提高不但体现了企业的竞争能力，也是推动经济高质量发展和增长的关键因素（Castellacci，2008[12]；Kim et al.，2016[13]；Habib et al.，2019[14]）。因此，本章以企业全要素生产率为视角，探索 ESG 履责对企业效率提升的深层影响关系，有助于解读企业高质量发展的驱动因素，对推动经济高质量发展、推进中国式现代化建设具有很强的理论和现实意义。

基于此，本书将深入探讨企业 ESG 履责是否会驱动全要素生产率的提升，从降本增效和资源配置两个方面着手，分别选取研发创新、成本费用率、财务约束和非效率投资多重机制剖析其作用路径，进一步创新性地纳入宏观气候层面（极端气候风险、区域碳排放量）、中观行业层面（是否重污染行业）和微观企业层面（产权性质、自愿性信息披露），拓展性检验不同维度因素的影响作用。研究结论证实了企业 ESG 履责不但有利于环境、社会和外界信息使用者，而且通过降本增效和优化资源配置有利于自身生产效率的提升，即在践行绿色治理的同时赋能高质量发展；异质性检验显示，在企业遭受极端气候风险或者处于高碳排放环境时，ESG 对全要素生产率的正向效应更为凸显，对非重污染行业、非国有企业和自愿进行信息披露的企业，本书的主要结论也更加显著。以上结果进一步证实了企业 ESG 履责在抵御气候变化和碳排放风险时能发挥重要作用。

相比以往研究，本书的贡献如下：第一，已有文献分析了企业 ESG 履责的积极效应，以及公司或行业因素对全要素生产率的影响作用，但将两者关联进行研究的文献尚显不足。为应对气候变化风险，满足“双碳”目标的战略要求，ESG 相关理念和框架也在逐步发展和完善，本书将企业环境、社会、公司治理绩效和全要素生产率联系到一起，探讨绿色治理如何赋能高质量发展，丰富了相关研究的理论分析框架。第二，本书从降本增效和资源配置方面着手，从促进企业创新、降低成本费用、缓解财务约束和减少非效率投资梳理企业 ESG 影响全要素生产率的深层作用机理，为监管部门和学术界从低碳发展视角理解推动企业高质量发展的深层因素。第三，从宏观气候、中观行业以及微观企业三个维度去考察 ESG 履责对全要素生产率影响的异质性，不仅在学术上丰富了现有文献，也为如何结合区域特征、行业性质和企业特点，差异化推进不同企业低碳减排或履行社会责任，提供了创新思路及有益政策依据。

5.1 理论分析与研究假设

5.1.1 企业 ESG 履责与全要素生产率

从理论视角分析，ESG 是衡量企业应对气候变化和碳排放方面信息披露的重要体现，其首要关注企业经营活动对生态环境造成的影响，与“双碳”目标和高质量发展理念高度一致。陆续有文献从企业风险（Jagannathan et al.，2018[57]）、公司业绩（Friede et al.，2015[240]）、资本成本（El Ghoul et al.，2018[241]）、企业价值（Fatemi et al.，2018[216]）、股票市场反应（Dunn et al.，2018[242]；Hoepner et al.，2018[60]；Pedersen et al.，2021[36]；Garel and Petit－Romec，2021[125]）等方面探讨了ESG履责的经济后果，虽个别研究结论尚存争议（Fatemi et al.，2018[216]），但多数文献肯定了企业ESG履责对公司的显著积极作用。与此同时，为促进经济高质量发展，越来越多文献开始探讨公司或行业因素（Habib et al.，2019[14]；Dvouletý and Blažková，2021[243]）、宏观政策（田磊和陆雪琴，2021[111]）、地方行政结构（刘亚伟等，2021）[244]、科技发展（宋敏等，2021[112]；赵宸宇等，2021[75]）等对企业全要素生产率的影响。但以上研究尚未就企业ESG履责是否促进全要素生产率提升进行深入分析。理论而言，企业ESG履责可以从降本增效、资源合理配置等方面多管齐下，在极大程度上可能驱动全要素生产率提升，促进高质量发展。

从现实背景出发，随着环境不确定性增加，气候变化会显著影响企业生产发展。气候风险不但威胁到人类的生命财产安全，而且可能给企业正常生产经营、现金流、固定资产等带来较大冲击，阻碍经济发展，这些均会促使监管部门和资本市场愈加重视企业绿色低碳发展及其对社会和环境的履责情况。在气候风险影响下，部分企业通过履行社会责任可能会广受瞩目，进而引起销量暴涨（如鸿星尔克、蜜雪冰城对河南抗洪救灾的捐赠），为企业带来更多的资源便利，激发其生产潜力，进而抓住可创造竞争优势的、提升企业价值的机会。以上现实背景说明为应对气候变化，ESG已成为各界共同关注的重要问题，企业重视环境与社会治理可能会给企业生产经营以及经济发展带来较显著的积极影响。

综合以上两方面分析，提出研究假设 5.1：

H5.1：企业 ESG 履责能显著提升其全要素生产率。

5.1.2 企业 ESG 履责、降本增效与全要素生产率

企业在环境、社会、公司治理方面履职，可能通过降低能源耗费和监管成本、减少碳排放、促进研发创新、降低财务约束等渠道多管齐下，对公司财务、公司价值、股票市场表现等方面产生显著积极影响。而同时，企业、行业、宏观环境不同层面的因素会影响企业研发创新、知识溢出、财务约束或资本配置效率，也可能给公司带来重大机会，进而影响企业的全要素生产率。

在此基础上，本书认为 ESG 履责会促使企业通过研发创新、降低成本费用两方面实现降本增效，驱动企业全要素生产率的提升，其理论逻辑在于：其一，ESG 表现较好的企业内部治理更为完善，有助于缓解企业面临的委托代理冲突，可有效降低企业的管理成本，企业会更有能力将资源投资生产经营，提高生产效率。同时，基于信息不对称理论，企业 ESG 履责增加了企业信息披露质量，缓解企业委托代理冲突，可有效预防管理者短视行为发生，使企业投资决策更基于未来导向，监督并激励管理者将资源投入研发创新，改进生产技术和工艺，或进行生态设计，促进企业生产效率提升。其二，ESG 框架也强调政府、媒体等外部监督因素，适当的环境规制等外部治理政策和利益相关者的关注会促使企业采用先进的环保设备和设施，尽力减少材料、能源或水的使用（Garel and Petit - Romec，2021[125]），或投资绿色创新等方式承担环境责任，同时，企业环保生产方面的研发投入所带来的创新效应可以补偿甚至抵销企业增加的支出费用，多措并举提升企业运营效率。其三，基于利益相关者理论的研究指出，ESG 表现强调企业为利益相关各方创造效益，有助于与多元利益相关方建立广泛而牢靠的联系，进而帮助企业获取多元化的创新资源（李井林等，2021[159]）。企业

创新有助于形成生产要素与生产条件之间新的组合，提升企业对现有资源的整合能力，提高能效，形成生产率优势。

基于以上分析，提出研究假设5.2：

H5.2：企业ESG履责可通过降本增效提升全要素生产率。

5.1.3 企业ESG履责、资源配置与全要素生产率

企业在环境、社会、公司治理方面履职，可缓解企业融资约束、提高部门之间的资本配置效率（宋敏等，2021[112]），对企业产生积极影响。同时，全要素生产率受财务约束、资本配置效率、资源优势等多方面驱动，会在企业层面产生较大差异。

在此基础上，本书认为企业ESG可以通过缓解财务约束、降低非效率投资两方面提升资源配置效率，促进企业全要素生产率的提升，其理论逻辑在于：其一，已有研究表明普遍的融资约束抑制了企业全要素生产率的提升（Hopenhayn，2014[245]；Caggese and Cunat，2013[246]），企业面临较大融资约束时，会阻碍其扩大再生产行为，不利于企业资源整合和配置，最终限制了企业的发展。而ESG倡导企业积极履行社会责任，有助于提升企业合法性地位，帮助企业获取更多资源支持，降低企业的财务约束，使企业满足生产经营活动的资金需求，且ESG履责较好的企业能发挥声誉效应，会吸引更多的客户及投资者，也可增加公司现金流、缓解融资约束，从而使企业可提供更有利的生产条件，更加有效配置内部资源（Roychowdhury et al.，2019[247]），促进全要素生产率提升。其二，基于ESG理念下的绿色金融和相关衍生产品迎来发展新机遇，随着投资者逐渐将ESG因素纳入投资组合，ESG表现更好的企业可能会提高市场估值，会为企业带来潜在的未来现金流，企业间的要素分配和资本市场信贷资源配置决定着企业的资本来源和资金成本，继而影响企业投资决策以及全要素生产率分布。其三，ESG注重企业利益相关者价值诉求，有利于强化其与利益相关方关系，

缓解信息不对称问题，降低企业非效率投资，促进资本配置效率的提升（姚立杰等，2020[248]），且当企业承担ESG履责压力时，为尽量减少能源消耗和污染排放，也会促使资金流向高能效和高效资源配置的投资项目，通过优化资源配置提升全要素生产率。因此，企业ESG有助于缓解企业面临的财务约束，减少闲置资源等非效率投资，提升资源配置效率，促进企业全要素生产率水平的提升。

基于以上分析，提出研究假设5.3：

H5.3：企业ESG履责可通过优化资源配置效率提升全要素生产率。

5.2 研究设计

5.2.1 指标选取和定义

（1）企业全要素生产率

借鉴Levinsohn和Petrin（2003）[249]、鲁晓东和连玉君（2012）[250]的方法，为解决数据丢失问题，本书主要采用LP法的基本思路，估计如下模型（5.1）：

$$\ln Y_{i,t} = \beta_0 + \beta_1 \ln K_{i,t} + \beta_2 \ln L_{i,t} + \beta_2 \ln M_{i,t} + \overline{\omega}_{i,t} + \eta_{i,t} \tag{5.1}$$

其中，模型（5.1）中$\ln Y$是企业i在t年的总产出（营业收入加1的对数值），生产过程的投入要素包括三种，分别为：资本投入$\ln K$（固定资产净额加1的对数值）、劳动力投入$\ln L$（支付给职工以及为职工支付的现金加1的对数值）和中间投入$\ln M$（成本费用减去折旧、劳动者报酬后加1的对数值①）。模型（5.1）中

① 其中，成本费用包括营业成本及三大期间费用，折旧和劳动者报酬分别为折旧摊销和支付给职工以及为职工支付的现金。

$\overline{\omega}_{i,t}$是可以被企业观测到并影响要素选择或企业决策的部分残差项，$\eta_{i,t}$是对要素选择或企业决策没有影响的随机残差项。利用扩展命令 levpet 拟合模型（5.1）获得$\overline{\omega}$残差项的对数值即为全要素生产率指标（*TFP*）。为保证结果稳健性，后文同时采用 OP 方法（Olley and Pakes，1996[251]）和 WRDG 估计法（Wooldridge，2009[252]）对构建全要素生产率指标进行了稳健性检验。

（2）企业 ESG 履责

本书采用 ESG 综合指标以及 E、S 和 G 分项指标进行度量，根据彭博对我国 A 股上市公司 ESG 综合评分和分项评分，本书分别选取以上评分的对数值作为衡量企业 ESG 总体责任表现（*ESG*）和环境、社会、公司治理分项责任表现（*EESG*、*SESG*、*GESG*）。

（3）控制变量

参考赵宸宇等（2021）[75]、宋敏等（2021）[112]，结合本书研究，纳入可能影响全要素生产率的企业层面的控制变量，包括公司年龄（*Age*，公司上市年数加 1 的对数值）、企业规模（*Size*，员工总数的对数值）、资产负债率（*Level*）、公司业绩（*Roa*）、现金持有水平（*Cash*，企业现金持有占总资产的比重）、第一大股东持股比例（*Top*1）、成长性（*Gro*，总资产增长率）、董事会独立性（*Indepdir*，独立董事人数在董事会中的占比）。主要变量说明及定义见表 5－1。

表 5－1　　主要变量说明及定义

类型	名称	符号	定义
被解释变量	企业全要素生产率	*TFP*	*LP* 法估计的全要素生产率；并采用 *OP* 法进行稳健性检验

续表

类型	名称	符号	定义
解释变量	ESG 履责	*ESG*	企业 ESG 综合责任得分
		EESG	企业 ESG 环境方面得分
		SESG	企业 ESG 社会方面得分
		GESG	企业 ESG 公司治理方面得分
机制检验	创新投入	*RDspend*	研发投入金额的自然对数
	创新产出	*Invpatent*	发明专利申请量
	成本费用率	*Cost*	（营业成本 + 管理费用）/营业收入
	现金流	*Cashflow*	该年企业的经营活动现金流量的自然对数
	融资约束	*AbsSA*	SA 指数取绝对值，其中，$SA = -0.737 \times Size + 0.043 \times Size^2 - 0.040 \times Age$
	非效率投资	*Inefficient*	构建投资效率模型，对其回归求残差取绝对值
控制变量	公司成熟度	*Age*	公司上市时长（年）
	公司规模	*Size*	员工总数的自然对数
	负债水平	*Level*	资产负债率
	企业盈利能力	*Roa*	总资产收益率
	现金类资产占比	*Cash*	现金持有占总资产比重
	第一大股东持股比例	*Top1*	第一大股东持股数量占上市公司总股数的比例
	企业成长性	*Gro*	（本期营业收入 - 上期营业收入）/上期营业收入
	董事会独立性	*Indepdir*	独立董事人数除以董事会人数

5.2.2 样本选择与数据来源

基于彭博数据终端的 ESG 数据来源，本书以 2011—2020 年 A 股上市公司为研究样本，探索 ESG 履责对企业全要素生产率的影响。并进行如下剔除：①金融行业样本；②交易状态非正常的企业

（ST和*ST）；③主要变量数据缺失的样本，筛选后涉及公司样本共1133家，公司－年度有效观测值为9266个。除ESG评分数据外，其余财务数据均来源于国泰安数据库（CSMAR）。为避免异常值影响研究结论，本书对连续变量进行1%的Winsorize缩尾处理。本书的数据整理和统计分析均采用Stata 17.0软件处理。

5.2.3 基准回归模型和中介效应模型构建

为检验前文提出的研究假设5.1，本书设定基准回归模型（5.2）：

$$TFP_{i,t} = \alpha_0 + \alpha_1 ESG_{i,t} + \alpha_2 Controls_{i,t} + \sum Firm_i + \sum Year_t + \varepsilon_{i,t} \tag{5.2}$$

其中，$TFP_{i,t}$为企业i在t年的全要素生产率。$ESG_{i,t}$为企业i在t年的ESG综合评分（*ESG*）和分项评分（*EESG*、*SESG*、*GESG*），*Controls*为控制变量，模型（5.2）同时控制了公司个体和年份固定效应。

为检验前文提出的研究假设5.2、假设5.3，借鉴温忠麟和叶宝娟（2014）[222]，本书设定中介效应模型（5.3）、模型（5.4）。根据温忠麟等（2004）[223]中介效应检验程序：①检验主回归模型中解释变量和被解释变量的相关关系，如果显著，继续下面第②步，否则停止分析；②依次检验系数a、b，如果都显著，继续检验c'，如果至少有一个不显著，则还需要做Sobel检验；③检验系数c'，如果不显著，说明是完全中介效应，如果显著，说明是部分中介效应，检验结束；④需要做Sobel检验情况，如果Sobel检验结果显著，说明中介效应显著，否则不显著，检验结束。

$$Channel_{i,t} = \alpha + \boldsymbol{a}\, Score_{i,t} + \gamma\, Controls_{i,t} + \sum Firm_i + \sum Year_t + e_{i.t} \tag{5.3}$$

$$TFP_{i,t} = \alpha + c' Score_{i,t} + \boldsymbol{b}\, Channel_{i,t} + \gamma\, Controls_{i,t} + \sum Firm_i + \sum Year_t + e_{i.t} \quad (5.4)$$

其中，$Channel_{i,t}$ 表示企业 ESG 履责影响全要素生产率的作用机制。企业创新机制，分别用创新投入（*RDspend*，研发投入金额的自然对数）和创新产出（*Invpatent*，发明专利申请量）度量；成本费用机制，用成本费用率［*Cost*，（营业成本 + 管理费用）/营业收入］度量；财务约束机制，分别用现金流（*Cashflow*，该年企业的经营活动现金流量的自然对数）和融资约束度量，其中融资约束借鉴宋敏等（2021）[112]、Hadlock 和 Pierce（2010）[224]的研究，使用公式 $-0.737 \times Size + 0.043 \times Size^2 - 0.040 \times Age$［其中，企业规模（*Size*）和企业年龄（*Age*）］计算观测年度企业的 SA 指数，然后对 SA 指数取绝对值来表示融资约束（*AbsSA*），该值越大，则企业面临的融资约束越强；非效率投资机制，参考徐倩（2014）[253]、陈效东等（2016）[254]的做法构建投资效率模型，分年份对模型进行 OLS 回归求得残差，将残差的绝对值设置为非效率投资程度的代理变量（*Inefficient*）。

5.2.4 主要变量的样本描述

（1）描述性统计

主要变量的描述性统计结果如表 5－2 所示。其中，*TFP* 均值为 8.431，相比赵宸宇等（2021）[75]研究略高①，在一定程度上说明 ESG 信息披露较完善的公司全要素生产率可能越高。*ESG* 最小值和最大值分别为 2.207、3.798（对应取对数前分数为 9.091、44.628），*EESG* 最小值和最大值分别为 0.734、3.753（对应取对数前分数为 2.083、42.636），可见不同公司之间 ESG 履责情况尤

① 赵宸宇等（2021）同样采用 LP 方法测量全要素生产率，描述性统计显示其研究样本 TFP 均值为 8.155。

其环境责任方面差距较大。

表5-2 描述性统计

变量	均值	中位数	标准差	最小值	最大值	样本量
TFP	8.431	8.364	1.009	5.680	10.720	9266
ESG	2.996	3.008	0.298	2.207	3.798	9266
EESG	2.181	2.230	0.678	0.734	3.753	8043
SESG	3.078	3.127	0.412	1.948	4.028	9266
GESG	3.799	3.799	0.114	3.524	4.076	9266
Age	3.011	3.045	0.278	1.792	3.584	9266
Size	8.425	8.408	1.288	4.205	11.38	9266
Level	0.478	0.489	0.201	0.053	0.941	9266
Roa	0.043	0.037	0.056	-0.203	0.184	9266
Cash	0.179	0.132	0.163	0.002	0.869	9266
*Top*1	0.370	0.357	0.160	0.084	0.742	9266
Gro	0.125	0.093	0.293	-0.575	1.853	9266
Indepdir	0.376	0.364	0.056	0.333	0.571	9266

(2)相关系数表

相关性分析结果显示如表5-3所示。其中，*ESG*和*TFP*在1%水平上显著正相关，初步证实了本书理论分析和研究假设，控制变量之间的相关系数均小于0.5，使用方差膨胀因子法（*VIF*）进一步检验显示，各控制变量*VIF*值均在1.6以内，证明基准回归模型不存在严重的多重共线性问题。

表 5-3 主要变量相关系数

变量	*TFP*	*ESG*	*Age*	*Size*	*Level*	*Roa*	*Cash*	*Top*1	*Gro*	*Indepdir*
TFP	1									
ESG	0. 340 ***	1								
Age	0. 047 ***	0. 110 ***	1							
Size	0. 627 ***	0. 370 ***	-0. 041 ***	1						
Level	0. 499 ***	0. 147 ***	0. 087 ***	0. 327 ***	1					
Roa	0. 062 ***	-0. 004	-0. 065 ***	0. 017 *	-0. 439 ***	1				
Cash	0. 102 ***	0. 019 *	-0. 007	0. 040 ***	-0. 135 ***	0. 197 ***	1			
*Top*1	0. 204 ***	0. 111 ***	-0. 220 ***	0. 187 ***	0. 093 ***	0. 083 ***	0. 025 **	1		
Gro	0. 110 ***	-0. 062 ***	-0. 065 ***	-0. 028 ***	-0. 0120	0. 261 ***	0. 044 ***	-0. 070 ***	1	
Indepdir	0. 082 ***	0. 046 ***	-0. 074 ***	0. 058 ***	0. 030 ***	0. 000	0. 026 **	0. 078 ***	0. 000	1

5.3 实证检验结果

表5-4报告了企业ESG总指标及分指标对全要素生产率影响的总体检验结果。第（1）~第（4）列为只加入核心解释变量，控制企业、年份固定效应的回归结果，第（5）~第（8）列为加入控制变量后的回归结果。结果显示，*ESG*、*EESG*、*SESG*的估计系数均在1%水平上显著为正，*GESG*的估计系数未通过显著性检验，表明对环境（E）和社会责任（S）履责发挥更显著的作用，公司治理（G）的效应相对较弱，原因可能在于，近几年绿色发展理念和"双碳"目标指引下，污染和社会问题得到了极大关注，而利益相关者长期以来对企业公司治理一直比较关注，然而，本质上来看，企业积极履行环境和社会责任是高水平公司治理的表现，因此本书结论总体上佐证了企业ESG履责会显著促进全要素生产率提升，假设5.1得到验证。控制变量的结果与已有研究基本一致，其中，公司规模（*Size*）、资产负债率（*Level*）、企业业绩（*Roa*）、现金持有（*Cash*）、成长性（*Gro*）的估计系数多数均在1%水平上显著为正，第一大股东持股比例（*Top*1）的估计系数显著为负，表明股权高度集中不利于企业全要素生产率的提升。

5.4 内生性与稳健性检验

5.4.1 工具变量法

上述研究显示ESG得分越高的企业其全要素生产率也越高，

但较高的生产率也可能引起企业在环境、社会等方面的责任履行，即两者可能存在反向因果关系。除此之外，模型（5.2）虽尽量控制了较多的影响因素，但实证结果仍有可能受到一些不可观测因素的影响。为缓解以上内生性问题，本书借鉴 Fatemi 等（2018）[216]的思想，结合我国上市公司数据的可得性，选择公司是否设置 ESG/CSR 相关委员会（*Committee*）和分析师预测误差（*Ferror*）作为工具变量。指标度量分别为：考虑绝大多数公司未专门设置 ESG 或 CSR 委员会，而将其业务归于类似可持续发展、绿色环保、权益保护等相关委员会，因此我扩大筛选范围，根据公司委员会成员任职部门，若该公司有成员任职“ESG”“CSR”“社会责任”“可持续”“发展”“绿色”“环保”“消费者权益保护”“信息披露”委员会，则视其设置了 ESG/CSR 相关委员会 $Committee = 1$，反之为 0；分析师预测误差（*Ferror*）指标，主要选取公司对应的分析师在当年度最后一个盈余预测的均值和实际盈余的差的绝对值，与实际盈余绝对值的比值来进行度量。在满足相关性和外生性方面：①相关性。较多研究指出设置 CSR 委员会的公司更可能披露其社会责任、环境信息或履行相关义务，且信息披露质量更高（Peters and Romi，2015[255]；Liao et al.，2015[217]），Dhaliwal 等（2012）[256]指出，对社会责任等非财务信息披露较好的公司，其分析师预测误差显著较低，因此是否设置 ESG/CSR 相关委员会、分析师预测误差与企业 ESG 披露会高度相关。②外生性。尚未有直接证据表明企业是否设置 ESG/CSR 相关委员会或分析师预测误差与全要素生产率之间存在相关关系，因此本书假设工具变量 *Committee* 和 *Ferror* 满足外生性要求。

表 5-4 基准回归：ESG 履责与全要素生产率

变量	(1) TFP	(2) TFP	(3) TFP	(4) TFP	(5) TFP	(6) TFP	(7) TFP	(8) TFP
ESG	0.204***				0.089***			
	(7.728)				(4.157)			
EESG		0.058***				0.025***		
		(5.572)				(2.848)		
SESG			0.152***				0.079***	
			(9.059)				(5.795)	
GESG				-0.031				0.003
				(-0.475)				(0.063)
Age					0.099	0.043	0.100	0.099
					(1.269)	(0.540)	(1.286)	(1.269)
Size					0.296***	0.263***	0.293***	0.299***
					(37.931)	(31.180)	(37.539)	(38.488)
Level					0.767***	0.650***	0.767***	0.764***
					(20.022)	(15.881)	(20.058)	(19.889)
Roa					2.170***	2.102***	2.170***	2.182***
					(25.889)	(23.950)	(25.923)	(26.020)

续表

变量	(1) *TFP*	(2) *TFP*	(3) *TFP*	(4) *TFP*	(5) *TFP*	(6) *TFP*	(7) *TFP*	(8) *TFP*
Cash					0. 180 ***	0. 201 ***	0. 184 ***	0. 182 ***
					(6. 925)	(7. 331)	(7. 073)	(6. 962)
*Top*1					-0. 203 ***	0. 052	-0. 197 ***	-0. 196 ***
					(-3. 593)	(0. 881)	(-3. 484)	(-3. 457)
Gro					0. 295 ***	0. 316 ***	0. 296 ***	0. 295 ***
					(25. 627)	(25. 123)	(25. 753)	(25. 569)
Indepdir					0. 078	0. 125	0. 074	0. 076
					(0. 871)	(1. 382)	(0. 832)	(0. 856)
constant	7. 669 ***	8. 200 ***	7. 817 ***	8. 377 ***	4. 769 ***	5. 360 ***	4. 811 ***	4. 985 ***
	(98. 761)	(322. 586)	(153. 845)	(33. 693)	(20. 303)	(22. 542)	(20. 887)	(15. 829)
Firm, Year FE	Yes	Yes	Yes	Yes	Yes	Yes	Yes	Yes
Obs.	9266	8043	9266	9266	9266	8043	9266	9266
Adj - R^2	0. 040	0. 028	0. 042	0. 033	0. 370	0. 335	0. 371	0. 369

本书首先对 *Score* 指标进行 Hausman 检验，结果显示 Hausman 统计量为 3.62，p 值为 0.057，表明基准回归模型中的 *Score* 指标存在内生性问题。表5－5汇报了工具变量的两阶段回归结果，其中第（1）列为一阶段的回归结果，第（2）列为二阶段的回归结果。第（1）列显示 *Committee*、*Ferror* 和 *Score* 的估计系数在1%的水平上显著为正为负，与预期相符，证实是否设置ESG/CSR相关委员会与企业ESG显著正相关，分析师预测误差与企业ESG显著负相关，验证了工具变量的相关性假定，第（2）列显示 *Score* 拟合值的系数依然在1%水平上与 *TFP* 显著为正，说明在缓解潜在的内生性问题后，研究结论依然成立。进行弱工具变量检验显示，Cragg－Donald Wald F 统计值（简称"C－D Wald F"）为34.205，而弱工具变量检验10%的临界值是19.93，在10%水平上拒绝了弱工具变量原假设。进行工具变量过度识别检验显示，Hansen J statistic 的值（0.155）不拒绝工具变量外生性的原假设，即 *Committee* 和 *Ferror* 满足工具变量的外生性要求。

5.4.2 Heckman两阶段模型

为缓解样本选择偏差带来的内生性问题，本章同时采用 Heckman 两阶段模型进行检验。在第一阶段，用公司是否设置ESG/CSR相关委员会（*Committee*）作为工具变量[①]放入 Probit 模型回归，计算出逆米尔斯比率（*IMR*），第二阶段在模型（1）基础上将估计的 *IMR* 作为控制变量，回归结果见表5－5第（3）列，*IMR* 的估计系数与 *TFP* 在1%的水平上显著为正，说明原来的回归中确实存在内生性问题，ESG综合评分 *ESG* 与 *TFP* 在1%的水平上显著为正，表明在考虑了样本选择偏差问题后，本书的结论依然成立。

① 工具变量（*Committee*）满足相关性和外生性要求，Cragg－Donald Wald F 统计值拒绝弱工具变量假设。

5.4.3 一阶差分模型

为避免基准回归模型可能存在的伪回归性和多重共线性问题，本书进一步采用一阶差分模型进行回归分析，具体为将被解释变量、解释变量和控制变量均采用后项减去前项生成新变化变量，回归结果如表 5-5 第（4）列所示，结果显示一阶差分被解释变量（*dTFP*）与一阶差分解释变量（*dESG*）之间关系在1%水平上显著为正，佐证了本书主要研究结论。

表 5-5 内生性检验：工具变量法、Heckman 两阶段以及一阶差分模型

变量	(1) *ESG*	(2) *TFP*	(3) *TFP*	差分变量	(4) *dTFP*
Committee	0.056***				
	(7.215)				
Ferror	-0.002***				
	(-4.006)				
ESG		1.569***	0.386***	*dESG*	0.048***
		(5.067)	(16.40)		(2.70)
Age	0.075***	-0.153***	1.004***	*dAge*	0.173
	(6.160)	(-3.889)	(8.53)		(1.23)
Size	0.072***	0.269***	2.044***	*dSize*	0.161***
	(26.711)	(11.336)	(11.31)		(4.87)
Level	0.031	1.690***	10.199***	*dLevel*	0.383***
	(1.535)	(31.527)	(11.12)		(4.91)
Roa	0.007	3.258***	19.237***	*dRoa*	1.221***
	(0.108)	(19.770)	(11.23)		(12.50)

续表

变量	(1) ESG	(2) TFP	(3) TFP	差分变量	(4) dTFP
Cash	0.022	0.280***	-0.859***	*dCash*	0.084***
	(1.176)	(5.850)	(-6.37)		(3.25)
*Top*1	0.091***	0.284***	5.428***	*dTop*1	0.096
	(4.667)	(4.946)	(9.89)		(0.68)
Gro	-0.052***	0.350***	0.285***	*dGro*	0.369***
	(-4.966)	(11.336)	(9.71)		(28.88)
Indepdir	0.200***	0.229	-2.862***	*dIndepdir*	-0.004
	(3.835)	(1.560)	(-7.56)		(-0.06)
IMR			20.246***		
			(9.26)		
constant	1.979***	0.204	-51.212***		0.043**
	(37.587)	(0.329)	(-8.87)		(2.08)
Firm, Year FE	Yes	Yes	Yes		Yes
Obs.	8692	8692	9266		7930
Adj - R^2		0.544	0.647		0.408
C - D Wald F	34.205*				
Hansen J statistic		0.155			

注：部分分析师预测误差（*Ferror*）数据有缺失，因此第（1）~第（2）列样本量相比总样本量略低。

5.4.4 倾向得分匹配法

为进一步缓解可能存在的样本选择问题，本书采用基于倾向得分匹配法（PSM）的内生性检验，首先，根据ESG评分均值将样本区分为高ESG评分组和低ESG评分组。其次，选取本书控制变量为协变量，用 1:1 最近邻匹配方法对每一个高 ESG 评分样本匹配与其倾向得分值最为相近的一个低 ESG 评分样本，最终得到高 ESG 组和低 ESG 组各 4586 个样本。最后，根据匹配后的样本基于模型（5.2）检验结果如表 5-6 所示，回归结果显示 ESG 评分综合指标（*ESG*）和分项指标（*EESG*、*SESG*）的估计系数均在 1% 水平上显著为正，说明在一定程度上克服样本选择偏差后，企业 ESG 履责仍会显著影响全要素生产率，佐证了本书的主要研究结论。

表 5-6　　内生性检验：采用 PSM 方法

变量	(1) *TFP*	(2) *TFP*	(3) *TFP*	(4) *TFP*
ESG	0.092***			
	(4.247)			
EESG		0.026***		
		(2.959)		
SESG			0.081***	
			(5.907)	
GESG				0.002
				(0.042)
Age	0.139*	0.086	0.141*	0.140*
	(1.727)	(1.029)	(1.744)	(1.728)
Size	0.294***	0.261***	0.292***	0.298***
	(37.329)	(30.475)	(36.942)	(37.905)
Level	0.757***	0.640***	0.758***	0.754***
	(19.696)	(15.565)	(19.733)	(19.557)
Roa	2.155***	2.082***	2.155***	2.167***
	(25.639)	(23.669)	(25.676)	(25.774)
Cash	0.190***	0.213***	0.194***	0.192***
	(7.207)	(7.647)	(7.360)	(7.242)
Top1	-0.237***	0.010	-0.231***	-0.230***
	(-4.150)	(0.163)	(-4.040)	(-4.010)

续表

变量	(1) *TFP*	(2) *TFP*	(3) *TFP*	(4) *TFP*
Gro	0. 296 ***	0. 317 ***	0. 297 ***	0. 296 ***
	(25. 622)	(25. 145)	(25. 749)	(25. 565)
Indepdir	0. 097	0. 149	0. 094	0. 095
	(1. 078)	(1. 619)	(1. 041)	(1. 053)
constant	4. 657 ***	5. 256 ***	4. 701 ***	4. 884 ***
	(19. 235)	(21. 296)	(19. 787)	(15. 249)
Firm, Year FE	Yes	Yes	Yes	Yes
Obs.	9172	7949	9172	9172
Adj - R^2	0. 369	0. 333	0. 370	0. 367

5. 4. 5 其他稳健性检验

本书从如下六个方面考虑了回归结果的稳健性问题：

第一，采用OLS模型的稳健性分析。本书基准回归模型为固定效应模型，为检验回归结果的稳定性，此处采用控制行业和年份效应的混合OLS模型进行检验，回归结果如表5-7所示。结果显示，ESG评分综合指标（*ESG*）和分项指标（*EESG*、*SESG*、*GESG*）与全要素生产率（*TFP*）的估计系数均在1%水平上显著为正，主要结果与本书主要研究结论一致，佐证了基准回归结果的稳定性。

表5-7　　稳健性检验：采用OLS模型

变量	(1) *TFP*	(2) *TFP*	(3) *TFP*	(4) *TFP*
ESG	0. 371 ***			
	(15. 516)			
EESG		0. 137 ***		
		(12. 609)		
SESG			0. 210 ***	
			(12. 262)	

续表

变量	(1) TFP	(2) TFP	(3) TFP	(4) TFP
GESG				0.558 ***
				(9.105)
Age	-0.059 **	-0.014	-0.041	-0.048 *
	(-2.280)	(-0.513)	(-1.591)	(-1.822)
Size	0.366 ***	0.393 ***	0.378 ***	0.382 ***
	(53.068)	(56.220)	(56.051)	(54.370)
Level	1.694 ***	1.624 ***	1.707 ***	1.687 ***
	(34.682)	(31.297)	(34.927)	(34.122)
Roa	3.349 ***	3.393 ***	3.360 ***	3.405 ***
	(21.299)	(19.612)	(21.336)	(21.523)
Cash	0.279 ***	0.326 ***	0.290 ***	0.252 ***
	(6.992)	(7.444)	(7.249)	(6.216)
*Top*1	0.339 ***	0.360 ***	0.362 ***	0.344 ***
	(7.384)	(7.308)	(7.840)	(7.418)
Gro	0.326 ***	0.308 ***	0.320 ***	0.319 ***
	(11.314)	(9.678)	(11.047)	(11.073)
Indepdir	0.460 ***	0.427 ***	0.488 ***	0.480 ***
	(4.193)	(3.721)	(4.435)	(4.349)
constant	2.679 ***	3.130 ***	2.979 ***	1.489 ***
	(20.337)	(24.017)	(23.089)	(6.014)
Ind, Year	Yes	Yes	Yes	Yes
Obs.	9266	8043	9266	9266
Adj - R^2	0.656	0.661	0.653	0.650

第二，更换全要素生产率的度量方法。本书主要采用 LP 方法构建 *TFP* 指标进行检验，除此之外，通过采用 OP 方法和 WRDG 估计法重新构建全要素生产率指标 *TFP_OP* 与 *TFP_WRDG*，采用固定效应模型进行检验，如表 5-8 所示。回归结果显示，ESG 评分综合指标（*ESG*）和分项指标（*EESG*、*SESG*、*GESG*）与采用 OP 方法构建的全要素生产率（*TFP_OP*）的估计系数绝大多数在 1% 水平上显著为正，与本书基准回归结果一致，佐证了本书的主要研究结论。

表5-8　稳健性检验：改变被解释变量

变量	(1) TFP_OP	(2) TFP_OP	(3) TFP_OP	(4) TFP_OP	(5) TFP_WRDG	(6) TFP_WRDG	(7) TFP_WRDG	(8) TFP_WRDG
ESG	0.055***				0.088***			
	(2.812)				(3.985)			
EESG		0.015**				0.024***		
		(1.977)				(2.778)		
SESG			0.048***				0.078***	
			(3.854)				(5.578)	
GESG				0.004				0.019
				(0.086)				(0.348)
Age	0.244***	0.216***	0.245***	0.244***	0.140*	0.097	0.141*	0.142*
	(3.476)	(2.978)	(3.488)	(3.473)	(1.756)	(1.193)	(1.772)	(1.774)
Size	-0.005	-0.021***	-0.007	-0.004	0.311***	0.276***	0.309***	0.314***
	(-0.779)	(-2.706)	(-0.982)	(-0.504)	(39.143)	(32.262)	(38.755)	(39.688)
Level	0.526***	0.439***	0.527***	0.525***	0.753***	0.640***	0.753***	0.751***
	(15.254)	(11.871)	(15.270)	(15.170)	(19.260)	(15.471)	(19.294)	(19.153)
Roa	1.894***	1.854***	1.895***	1.902***	2.159***	2.108***	2.159***	2.170***
	(25.091)	(23.406)	(25.111)	(25.190)	(25.238)	(23.757)	(25.269)	(25.365)

续表

变量	(1) TFP_OP	(2) TFP_OP	(3) TFP_OP	(4) TFP_OP	(5) TFP_WRDG	(6) TFP_WRDG	(7) TFP_WRDG	(8) TFP_WRDG
Cash	0.168***	0.183***	0.170***	0.169***	0.197***	0.206***	0.200***	0.198***
	(7.159)	(7.405)	(7.257)	(7.179)	(7.405)	(7.432)	(7.548)	(7.422)
*Top*1	-0.213***	-0.030	-0.210***	-0.209***	-0.210***	0.061	-0.203***	-0.203***
	(-4.188)	(-0.564)	(-4.114)	(-4.097)	(-3.631)	(1.017)	(-3.527)	(-3.514)
Gro	0.321***	0.333***	0.322***	0.321***	0.301***	0.321***	0.303***	0.301***
	(30.928)	(29.287)	(31.004)	(30.892)	(25.638)	(25.222)	(25.758)	(25.583)
Indepdir	0.258***	0.297***	0.256***	0.257***	0.076	0.111	0.072	0.075
	(3.215)	(3.629)	(3.190)	(3.204)	(0.832)	(1.218)	(0.793)	(0.823)
constant	2.625***	2.923***	2.652***	2.748***	4.667***	5.246***	4.708***	4.816***
	(12.408)	(13.620)	(12.779)	(9.694)	(19.477)	(21.825)	(20.034)	(14.988)
Firm, Year FE	Yes	Yes	Yes	Yes	Yes	Yes	Yes	Yes
Obs.	9266	8043	9266	9266	9266	8043	9266	9266
Adj - R^2	0.151	0.147	0.152	0.150	0.379	0.347	0.380	0.378

第三，更换ESG综合指标和分项指标的度量方法。本书ESG数据主要来源于彭博数据终端，其对ESG指标的构建方法与其他评级机构（如商道融绿①）存在一定差异，在此利用商道融绿提供的ESG综合评分（*ESG*1）、分项评分（*EESG*1、*SESG*1、*GESG*1）以及评级数据（*ESG_Dum*，若公司该年ESG评级为B级以上则为1，若为B级及以下则为0），重新度量企业ESG履责情况，采用OLS模型进行检验，如表5-9所示。回归结果显示，*ESG_Dum*、*ESG*1、*EESG*1的估计系数在1%或5%水平上显著为正，*SESG*1、*GESG*1的估计系数不显著，与本书主要研究结论基本一致。

表5-9　　稳健性检验：改变解释变量和样本区间

变量	(1)	(2)	(3)	(4)	(5)
	TFP	*TFP*	*TFP*	*TFP*	*TFP*
ESG_Dum	0.097***				
	(3.045)				
*ESG*1		0.005**			
		(1.994)			
*EESG*1			0.007***		
			(3.662)		
*SESG*1				0.001	
				(0.556)	
*GESG*1					-0.001
					(-0.350)
Age	0.029	0.041	0.035	0.047	0.048
	(0.488)	(0.692)	(0.593)	(0.800)	(0.819)

① 商道融绿是我国本土最早从事ESG研究的机构，2015年开始对A股沪深300上市公司ESG信息进行量化评估，形成ESG综合评分及环境、社会、公司治理分项评分，并将其评为A⁻至C至少六个等级。根据商道融绿ESG信息披露数据可得性，样本时间区间选择为2015—2020年。

续表

变量	(1) TFP	(2) TFP	(3) TFP	(4) TFP	(5) TFP
Size	0.396***	0.400***	0.395***	0.403***	0.404***
	(24.257)	(24.523)	(23.924)	(24.850)	(24.775)
Level	1.433***	1.438***	1.437***	1.446***	1.450***
	(11.622)	(11.722)	(11.763)	(11.768)	(11.837)
Roa	3.162***	3.160***	3.157***	3.141***	3.127***
	(8.695)	(8.652)	(8.696)	(8.596)	(8.585)
Cash	0.134*	0.141**	0.135*	0.142**	0.141**
	(1.911)	(2.027)	(1.934)	(2.029)	(2.004)
*Top*1	0.414***	0.426***	0.437***	0.424***	0.425***
	(4.109)	(4.215)	(4.333)	(4.187)	(4.184)
Gro	0.149**	0.148**	0.147**	0.147**	0.147**
	(2.270)	(2.256)	(2.235)	(2.236)	(2.229)
Indepdir	0.221	0.256	0.208	0.289	0.292
	(0.915)	(1.058)	(0.859)	(1.197)	(1.207)
constant	3.225***	2.901***	2.942***	3.023***	3.123***
	(10.323)	(9.112)	(9.531)	(9.122)	(10.019)
Ind, Year	Yes	Yes	Yes	Yes	Yes
Obs.	1389	1389	1389	1389	1389
Adj - R^2	0.677	0.676	0.678	0.675	0.675

第四，仅保留制造业为样本进行稳健性分析。由彭博 ESG 数据终端提供的 E、S 和 G 三个方面的细化指标可以看出，“E”类指标更多的是反映制造类企业在环境责任履行方面的表现，在此将样本仅保留制造业进行检验，如表 5 - 10 所示，回归结果显示，ESG 评分综合指标（*ESG*）、分项指标（*SESG*）的估计系数在 1% 水平上显著为正，*EESG* 的估计系数在 5% 水平上显著为正，*GESG* 的估计系数不显著，佐证了企业 ESG 总体绩效和环境、社会绩效对全要素生产率的显著积极影响，与本书的主要研究结论一致。

表5-10　　稳健性检验：以制造业为样本

变量	(1) TFP	(2) TFP	(3) TFP	(4) TFP
ESG	0.107***			
	(19.349)			
EESG		0.017**		
		(3.447)		
SESG			0.080***	
			(10.512)	
GESG				0.020
				(0.453)
Age	0.091	0.003	0.083	0.078
	(0.764)	(0.058)	(0.723)	(0.615)
Size	0.334***	0.310***	0.332***	0.340***
	(12.706)	(9.815)	(12.862)	(13.218)
Level	0.599**	0.518**	0.599**	0.595**
	(4.820)	(5.668)	(4.914)	(4.708)
Roa	2.321***	2.218***	2.324***	2.334***
	(19.267)	(25.528)	(19.349)	(18.832)
Cash	0.209**	0.203**	0.213**	0.213**
	(3.508)	(3.347)	(3.703)	(3.652)
Top1	-0.231	-0.126	-0.224	-0.215
	(-1.398)	(-1.027)	(-1.399)	(-1.259)
Gro	0.226***	0.241***	0.227***	0.224***
	(9.727)	(13.179)	(9.786)	(9.428)
Indepdir	-0.037	0.074	-0.048	-0.041
	(-0.275)	(0.419)	(-0.361)	(-0.337)
constant	4.564***	5.317***	4.688***	4.800***
	(10.624)	(14.776)	(11.539)	(7.939)

续表

变量	(1) *TFP*	(2) *TFP*	(3) *TFP*	(4) *TFP*
Firm，Ind，Prov，Year FE	Yes	Yes	Yes	Yes
Obs.	5455	4889	5455	5455
Adj - R^2	0.938	0.944	0.938	0.938

第五，控制行业和地区固定效应。为了更好地控制地区和行业层面因素可能对结果产生的影响，在原公司个体、时间双向固定效应的基础上，将地区和行业固定效应同时纳入模型进行回归。检验结果如表 5 - 11 所示，ESG 评分综合指标（*ESG*）、分项指标（*SESG*）的估计系数在 1% 水平上显著为正，*EESG* 的估计系数在 10% 水平上显著为正，*GESG* 的估计系数不显著，与本书的主要研究结论一致。

表 5 - 11　稳健性检验：控制个体、行业、地区和年份固定效应

变量	(1) *TFP*	(2) *TFP*	(3) *TFP*	(4) *TFP*
ESG	0.089***			
	(3.573)			
EESG		0.020*		
		(2.085)		
SESG			0.080***	
			(5.953)	
GESG				0.010
				(0.101)
Age	0.105	0.056	0.106	0.106
	(0.801)	(0.496)	(0.808)	(0.815)
Size	0.298***	0.265***	0.296***	0.302***
	(11.340)	(6.667)	(11.382)	(11.155)

续表

变量	(1) TFP	(2) TFP	(3) TFP	(4) TFP
Level	0.713***	0.619***	0.714***	0.711***
	(7.630)	(7.033)	(7.667)	(7.746)
Roa	2.139***	2.070***	2.139***	2.151***
	(11.576)	(12.672)	(11.572)	(11.555)
Cash	0.172*	0.190***	0.176*	0.173*
	(2.015)	(3.132)	(2.055)	(2.001)
*Top*1	-0.230	-0.008	-0.225	-0.222
	(-1.561)	(-0.060)	(-1.549)	(-1.505)
Gro	0.297***	0.315***	0.299***	0.297***
	(6.497)	(7.870)	(6.558)	(6.405)
Indepdir	0.071	0.119	0.067	0.070
	(0.591)	(0.743)	(0.554)	(0.588)
constant	4.891***	5.514***	4.930***	5.089***
	(10.162)	(11.289)	(10.649)	(7.781)
Firm, Ind, Prov, Year FE	Yes	Yes	Yes	Yes
Obs.	9258	8024	9258	9258
Adj - R^2	0.931	0.938	0.931	0.931

第六，控制行业发展趋势和宏观经济因素。为尽量避免行业趋势和宏观因素影响等可能造成遗漏变量问题，本书引入行业与时间趋势以及省份与年份的交互固定效应进行控制。检验结果如表5-12所示，两种交互固定效应情形下，ESG评分综合指标（*ESG*）、分项指标（*SESG*）的估计系数均在1%水平上显著为正，*EESG*的估计系数分别在5%、10%水平上显著为正，*GESG*的估计系数不显著，与本书基准回归结果基本一致，说明控制了行业趋势和宏观因素后结果依然稳健。

表 5 - 12　　稳健性检验：控制行业趋势和宏观因素

变量	(1) TFP	(2) TFP	(3) TFP	(4) TFP	(5) TFP	(6) TFP	(7) TFP	(8) TFP
ESG	0. 091 ***				0. 085 ***			
	(3. 469)				(3. 225)			
EESG		0. 024 **				0. 017 *		
		(2. 218)				(2. 071)		
SESG			0. 072 ***				0. 083 ***	
			(5. 178)				(5. 909)	
GESG				-0. 037				0. 003
				(-0. 398)				(0. 035)
Age	-0. 028	-0. 084	-0. 031	-0. 037	0. 120	0. 061	0. 119	0. 126
	(-0. 194)	(-0. 580)	(-0. 212)	(-0. 255)	(0. 929)	(0. 530)	(0. 933)	(0. 983)
Size	0. 292 ***	0. 260 ***	0. 290 ***	0. 296 ***	0. 289 ***	0. 255 ***	0. 285 ***	0. 292 ***
	(10. 701)	(6. 479)	(10. 581)	(10. 517)	(11. 850)	(6. 279)	(11. 959)	(11. 645)
Level	0. 720 ***	0. 637 ***	0. 721 ***	0. 715 ***	0. 730 ***	0. 631 ***	0. 730 ***	0. 727 ***
	(8. 208)	(7. 582)	(8. 269)	(8. 344)	(8. 279)	(7. 054)	(8. 302)	(8. 328)
Roa	2. 271 ***	2. 179 ***	2. 272 ***	2. 283 ***	2. 121 ***	2. 047 ***	2. 119 ***	2. 133 ***
	(12. 049)	(12. 127)	(11. 913)	(12. 004)	(12. 391)	(13. 671)	(12. 420)	(12. 365)

续表

变量	(1)	(2)	(3)	(4)	(5)	(6)	(7)	(8)
	TFP	*TFP*	*TFP*	*TFP*	*TFP*	*TFP*	*TFP*	*TFP*
Cash	0. 183 **	0. 188 ***	0. 188 **	0. 188 **	0. 192 **	0. 206 ***	0. 196 **	0. 193 **
	(2. 528)	(3. 472)	(2. 596)	(2. 491)	(2. 315)	(3. 824)	(2. 370)	(2. 298)
*Top*1	-0. 172	0. 023	-0. 168	-0. 165	-0. 236	-0. 025	-0. 234	-0. 226
	(-1. 298)	(0. 193)	(-1. 295)	(-1. 232)	(-1. 661)	(-0. 200)	(-1. 664)	(-1. 569)
Gro	0. 298 ***	0. 311 ***	0. 299 ***	0. 298 ***	0. 293 ***	0. 312 ***	0. 294 ***	0. 292 ***
	(6. 109)	(7. 360)	(6. 145)	(6. 015)	(6. 646)	(8. 338)	(6. 711)	(6. 561)
Indepdir	0. 068	0. 118	0. 064	0. 065	0. 031	0. 077	0. 028	0. 031
	(0. 512)	(0. 713)	(0. 476)	(0. 489)	(0. 223)	(0. 458)	(0. 199)	(0. 225)
constant	5. 308 ***	5. 950 ***	5. 383 ***	5. 720 ***	4. 949 ***	5. 601 ***	4. 977 ***	5. 146 ***
	(14. 954)	(15. 889)	(15. 024)	(10. 087)	(10. 498)	(10. 210)	(11. 023)	(8. 286)
Ind × Trend	Yes	Yes	Yes	Yes				
Prov × Year					Yes	Yes	Yes	Yes
Obs.	9258	8024	9258	9258	9257	8022	9257	9257
Adj - R^2	0. 931	0. 937	0. 931	0. 930	0. 932	0. 939	0. 932	0. 932

5.5 作用机制检验

本章主要研究结论显示企业 ESG 履责总体上增加了其全要素生产率，结合前文理论分析，从降本增效和优化资源配置出发，此处分别选取企业创新、成本费用、财务约束和非效率投资多重视角检验其作用机制。

5.5.1 企业 ESG 履责、降本增效与全要素生产率

根据前文分析，表 5-13 检验了 ESG 履责是否通过降本增效进而提升全要素生产率。降本增效方面，本书选取了研发创新和成本费用率作为替代指标，原因在于，企业 ESG 履责会激励企业投资研发创新，降低成本费用，助力企业降本增效。①研发创新方面：ESG 信息披露可有效预防管理者短视行为发生，监督并激励管理者将资源投入研发创新，企业通过改进生产技术和工艺等创新方式可以极大提高企业能效。②成本费用方面：企业为了追求 ESG 绩效，会强化内部管理，尽力减少材料、能源或水的使用（Garel and Petit - Romec，2021[125]），且企业良好的 ESG 表现有助于缓解委托代理冲突，通过降低生产管理成本，以实现节能效益最大化。

企业创新机制，分别用创新投入（*RDspend*，研发投入金额的自然对数）和创新产出（*Invpatent*，发明专利申请量）度量；成本费用机制，用成本费用率［*Cost*，（营业成本 + 管理费用）/营业收入］度量。企业创新方面，第（1）、第（3）列结果显示，*ESG* 与 *RDspend*、*Invpatent* 的估计系数均在 1% 水平上显著为正，表 5-13 第（2）、第（4）列结果显示，*ESG*、*RDspend*、*Invpatent* 与 *TFP* 的估计系数均在 1% 水平上显著为正，Sobel 检验也显示 *RDspend*、*Invpatent* 的中介效应通过了显著性检验，中介效应占总效应的比例分

别为16.7%、1.33%，说明 *RDspend*、*Invpatent* 发挥了显著部分中介效应，企业ESG履责通过提高企业创新投入和创新产出，促进了全要素生产率的提升；成本费用方面，表5-13第（5）列结果显示，*ESG* 和 *Cost* 的估计系数在1%水平上显著为负，第（6）列中 *ESG* 和 *TFP* 的估计系数在1%水平上显著为正，*Cost* 和 *TFP* 的估计系数不显著，进一步进行Sobel检验显示 *Cost* 的中介效应通过了显著性检验，中介效应占总效应的比例为4.35%，说明 *Cost* 发挥了显著部分中介效应，企业ESG履责通过降低成本费用促进了全要素生产率的提升。

表5-13　作用机制检验：降本增效

变量	(1)	(2)	(3)	(4)	(5)	(6)
	RDspend	*TFP*	*Invpatent*	*TFP*	*Cost*	*TFP*
ESG	0.267***	0.073***	6.884***	0.088***	-0.022***	0.090***
	(4.816)	(3.286)	(2.872)	(4.069)	(-4.217)	(4.155)
RDspend		0.081***				
		(16.214)				
Invpatent				0.000***		
				(2.742)		
Cost						0.003
						(0.066)
Controls	Yes	Yes	Yes	Yes	Yes	Yes
Firm, Year FE	Yes	Yes	Yes	Yes	Yes	Yes
Sobel检验	Z值=8.735, P值=0.000***		Z值=2.831, P值=0.005***		Z值=2.528, P值=0.011**	

5.5.2　企业ESG履责、资源配置与全要素生产率

表5-14检验了ESG履责是否通过优化资源配置进而提升全要素生产率。优化资源配置方面，本书选取了财务约束和非效率投

资作为替代指标，原因在于，ESG 绩效有助于缓解财务约束，减少非效率投资，提升资源配置效率。①财务约束方面：Caggese 和 Cunat（2013）[246]、Hopenhayn（2014）[245] 指出普遍的融资约束是导致全要素生产率降低的重要因素。企业面临较大融资约束时，会阻碍其扩大再生产行为，限制企业资源整合和配置，加剧企业内资源错配程度，抑制企业生产发展潜力。ESG 绩效水平较高的公司能发挥声誉效应，吸引客户及投资者，可增加公司现金流、缓解融资约束，且企业 ESG 履责有助于提升企业合法性地位，帮助企业获取信贷资源等优势，缓解融资约束，进而更加有效配置资源。②非效率投资方面：企业 ESG 履责可缓解信息不对称和委托代理问题，降低企业非效率投资，促进资本配置效率的提升（姚立杰等，2020[248]），且为履责 ESG，企业会尽量减少能源消耗和污染排放，也会促使资金流向高能效和高效资源配置的投资项目，实现资源优化配置。

表 5－14　　作用机制检验：优化资源配置

变量	(1) *Cashflow*	(2) *TFP*	(3) *AbsSA*	(4) *TFP*	(5) *Inefficient*	(6) *TFP*
ESG	0.172**	0.075***	−0.044***	0.069***	−0.001	0.092***
	(2.373)	(3.418)	(−10.594)	(3.209)	(−0.172)	(4.234)
Cashflow		0.062***				
		(16.374)				
AbsSA				−0.457***		
				(−8.013)		
Inefficient						−0.526***
						(−7.280)
Controls	Yes	Yes	Yes	Yes	Yes	Yes
Firm, Year FE	Yes	Yes	Yes	Yes	Yes	Yes
Sobel 检验	Z 值＝13.12，P 值＝0.000***		Z 值＝16，P 值＝0.000***		Z 值＝2.969，P 值＝0.003***	

财务约束机制，分别用现金流（*Cashflow*，该年企业的经营活动现金流量的自然对数）和融资约束度量，其中融资约束借鉴 Hadlock 和 Pierce（2010）[224] 的研究，使用企业规模（*Size*）和企业年龄（*Age*）两个随时间变化不大的变量构建 SA 指数：$SA = -0.737 \times Size + 0.043 \times Size^2 - 0.040 \times Age$，然后对 SA 指数取绝对值来表示融资约束（*AbsSA*），该值越大，则企业面临的融资约束越强；非效率投资机制，参考徐倩（2014）[250]、陈效东等（2016）[251] 的做法构建投资效率模型，分年份对模型进行 OLS 回归求得残差，将残差的绝对值设置为非效率投资程度的代理变量（*Inefficient*）。

财务约束方面，表5-14第（1）列结果显示，*ESG* 和 *Cashflow* 的估计系数在5%水平上显著为正；第（2）列中 *ESG* 和 *TFP* 的估计系数在1%水平上显著为正，*Cashflow* 和 *TFP* 的估计系数在1%水平上显著为正，进一步进行 Sobel 检验显示 *Cashflow* 的中介效应通过了显著性检验，中介效应占总效应的比例为31.13%，说明 *Cashflow* 发挥了显著部分中介效应，ESG 履责较好的企业可通过增加经营活动现金流促进企业全要素生产率的提升；第（3）列结果显示，*ESG* 和 *AbsSA* 的估计系数在1%水平上显著为负；第（4）列中 *ESG* 和 *TFP* 的估计系数在1%水平上显著为正，*AbsSA* 与 *TFP* 的估计系数在1%水平上显著为负，进一步进行 Sobel 检验显示 *AbsSA* 的中介效应通过了显著性检验，中介效应占总效应的比例为30.71%，说明 *AbsSA* 发挥了显著部分中介效应，企业 ESG 履责通过缓解企业融资约束，促进了全要素生产率的提升、非效率投资方面；第（5）列结果显示，*ESG* 和 *Inefficient* 的估计系数不显著；第（6）列中 *ESG* 和 *TFP* 的估计系数在1%水平上显著为正，*Inefficient* 和 *TFP* 的估计系数在1%水平上显著为负，进一步进行 Sobel 检验显示 *Inefficient* 的中介效应通过了显著性检验，中介效应占总效应的比例为2.31%，说明 *Inefficient* 发挥了显著部分中介效应，企业 ESG 履责通过降低非效率投资，促进了全要素生产率的提升。

综上所述，企业 ESG 履责会通过促进企业创新、降低成本费用、缓解财务约束、降低非效率投资，进而有利于提升其生产效率，尤其是创新投入、财务约束机制发挥了较大作用，佐证了前文的理论分析。

5.6 基于“宏观—中观—微观”多维视角的异质性检验

上述基准回归结论证实了企业 ESG 履责对全要素生产率的显著积极影响，此部分进一步探讨在何种情境下 ESG 能发挥更大的效应，分别选取宏观气候风险、中观行业污染属性、微观企业产权性质和披露意愿进行异质性检验。

5.6.1 区域气候风险

已有文献发现气候变化对企业层面产生负面影响（Huang et al.，2018[257]），主要原因在于气候变化可能对企业资产造成物理伤害、中断业务运营，导致生产率下降。但 ESG 履责较好的企业有可能对冲气候风险的不利影响，发挥缓解气候变化压力的作用。基于以上分析，本书考虑自然环境变化和环境污染因素，纳入极端气候灾害冲击和碳排放压力指标作为气候风险进行异质性检验。极端气候灾害冲击指标用企业所在省（直辖市）该年是否发生前五大自然灾害进行度量，通过手工搜集应急管理部公布的 2011—2020 年中国发生的每年前五大自然灾害事件信息，灾害类别涉及洪涝、风雹（占比一半以上）、地震、台风、旱灾等，进一步利用百度百科、应急管理部官网等渠道，手工整理补充该自然灾害波及的具体企业，将该年遭受前五大自然灾害企业划分为发生极端气候灾害组，反之为未发生极端气候灾害组，基于以上分组的检验如表5-15所示。结果显示，当企业遭受极端气候灾害冲击时，综合指标（*ESG*）和环境分项指标（*EESG*）与*TFP*均在1%水平上显著正相关，但以上相关关系在未发生极端气候灾害组并不显著，进一步对综合指标（*ESG*）做组间系数差异检验，得出Chow Test值为3.04，p值为0.000，在1%水平上显著，说明两组间差异显著。即ESG对全要素生产率的正向效应在极端气候灾害条件下更为凸显，企业ESG履责和对环境方面的履责能发挥显著抵御极端气候灾害的作用。

碳排放压力意味着该企业面临的监管成本高低，碳排放越高的地区，为实现节能减排、降低地区环境污染目标，该环境监管力度可能越大，企业环境相关的监管成本也越高，进而影响其生产经营。因此，本书依据企业所在省（直辖市）二氧化碳排放量，若碳排放高于均值被划分为高碳排放组，反之为低碳排放组，基于以上分组的检验如表5-16所示。结果显示，当企业所在区域碳排放量较高时，综合指标（*ESG*）和环境、社会责任分项指标（*EESG*、*SESG*）与*TFP*均在1%水平上显著正相关，但以上相关关系在低碳排放组较弱或不显著，即ESG对全要素生产率的正向影响在高碳排放压力下更为凸显，企业ESG履责整体表现以及对环境和社会方面履责能显著缓解环境相关的高度监管压力，对冲气候风险。

以上结果证实企业对环境、社会履责能显著对冲气候相关风险的不利影响，在气候环境较差条件下更能显著促进企业生产效率的提升。

5.6.2　重污染行业

企业工业活动是造成环境污染的重要因素，重污染行业面临更大的来自政府、媒体等相关利益者的环境压力，企业为了迎合环境监管等各方需要（唐国平等，2013[258]），有可能会超出实际能力对ESG方面进行投资，因而会在一定程度上削弱ESG对企业生产效率的促进，限制企业的发展（李百兴等，2018[259]）。且重污染行业企业大多碳排放量较高，碳排放量较高的企业风险更大，投资者也会要求更高的回报以弥补潜在风险损失（Bolton and Kacperczyk，2021[260]），而碳排放强度低的企业更易得到投资者青睐（Pedersen et al.，2021[36]），非重污染企业较好的ESG表现更易获得投资者认同，有利于其优化资源配置，进而提升全要素生产率。此外，重污染企业面临环评、排污证、差别电价等监管压力，《上市公司环境信息披露指南（征求意见稿）》（2010）也对部分重污染行业上市公司提出了发布年度环境报告的要求。因此当此类企业履行ESG责任时，有可能会因较高监管成本或粉饰环境业绩需求而出现“漂绿”行为（黄溶冰等，2020[261]），相比而言，低污染企业本身碳排放较低，其迫于监管或环境业绩压力而进行的“漂绿”可能性也较低，因此相比而言其ESG履责相关信息质量可能更高，对企业的影响也更大。

基于以上分析，此处参考2008年环保部《关于印发〈上市公司环保核查行业分类管理名录〉的通知》的规定①以及2012年证监会行业分类，将样本划分为重污染行业组和非重污染行业组，基于以上分组的检验如表5-17所示。结果显示，非重污染行业企业综合指标（*ESG*）和环境、社会责任分项指标（*EESG*、*SESG*）与*TFP*均在1%水平上显著正相关，但以上相关关系在重污染行业显著较弱，进一步对综合指标（*ESG*）做Chow Test组间系数差异检验，得出Chow Test值为15.36，p值为0.000，在1%水平上显著，说明两组间差异显著。即非重污染企业在环境和社会方面履责，对全要素生产率的正向影响会更为凸显。

① 根据《上市公司环保核查行业分类管理名录》（环办函〔2008〕373号）和《上市公司环境信息披露指南》（2010）：火电、钢铁、水泥、电解铝、煤炭、冶金、化工、石化、建材、造纸、酿造、制药、发酵、纺织、制革和采矿业等16类行业为重污染行业。本书参考已有研究（张琦等，2019）对是否重污染行业进行划分。

表5-15 异质性检验：极端气候灾害冲击

变量	发生极端气候灾害				未发生极端气候灾害			
	(1)	(2)	(3)	(4)	(5)	(6)	(7)	(8)
	TFP	*TFP*	*TFP*	*TFP*	*TFP*	*TFP*	*TFP*	*TFP*
ESG	0.106***				0.042			
	(3.657)				(1.111)			
EESG		0.039***				0.004		
		(3.366)				(0.291)		
SESG			0.074***				0.075***	
			(3.965)				(3.143)	
GESG				0.017				-0.010
				(0.236)				(-0.107)
Age	0.181	0.204*	0.182	0.179	0.005	-0.091	0.004	0.007
	(1.618)	(1.732)	(1.622)	(1.590)	(0.041)	(-0.735)	(0.033)	(0.055)
Size	0.296***	0.272***	0.295***	0.300***	0.295***	0.247***	0.290***	0.296***
	(27.984)	(24.114)	(27.817)	(28.375)	(22.363)	(17.015)	(21.902)	(22.580)
Level	0.893***	0.752***	0.891***	0.884***	0.728***	0.633***	0.729***	0.729***
	(17.069)	(13.378)	(17.041)	(16.831)	(11.051)	(9.074)	(11.077)	(11.047)

续表

变量	发生极端气候灾害				未发生极端气候灾害			
	(1)	(2)	(3)	(4)	(5)	(6)	(7)	(8)
	TFP	*TFP*	*TFP*	*TFP*	*TFP*	*TFP*	*TFP*	*TFP*
Roa	2.215***	2.173***	2.214***	2.222***	2.355***	2.278***	2.346***	2.364***
	(19.585)	(18.274)	(19.583)	(19.623)	(16.082)	(14.992)	(16.057)	(16.163)
Cash	0.241***	0.286***	0.245***	0.243***	0.129***	0.128***	0.132***	0.130***
	(6.455)	(7.234)	(6.581)	(6.490)	(3.082)	(2.944)	(3.159)	(3.088)
Top1	-0.206***	0.059	-0.198***	-0.201***	-0.173*	0.154	-0.174*	-0.168*
	(-2.746)	(0.756)	(-2.639)	(-2.668)	(-1.737)	(1.495)	(-1.746)	(-1.687)
Gro	0.284***	0.300***	0.285***	0.283***	0.311***	0.344***	0.312***	0.310***
	(17.605)	(16.948)	(17.678)	(17.549)	(15.982)	(16.492)	(16.066)	(15.968)
Indepdir	0.111	0.173	0.107	0.107	0.010	0.035	0.008	0.011
	(0.862)	(1.305)	(0.827)	(0.827)	(0.072)	(0.249)	(0.053)	(0.077)
constant	4.383***	4.721***	4.482***	4.607***	5.223***	5.919***	5.169***	5.362***
	(13.195)	(13.767)	(13.750)	(10.521)	(13.761)	(15.742)	(13.903)	(10.094)
Firm, Year FE	Yes	Yes	Yes	Yes	Yes	Yes	Yes	Yes
Obs.	5260	4557	5260	5260	4006	3486	4006	4006
Adj - R^2	0.344	0.311	0.344	0.342	0.242	0.202	0.244	0.241

表5-16 异质性检验：碳排放压力

变量	高碳排放				低碳排放			
	(1)	(2)	(3)	(4)	(5)	(6)	(7)	(8)
	TFP	*TFP*	*TFP*	*TFP*	*TFP*	*TFP*	*TFP*	*TFP*
ESG	0.138***				0.042			
	(4.787)				(1.286)			
EESG		0.033***				0.009		
		(2.915)				(0.711)		
SESG			0.112***				0.047**	
			(6.065)				(2.292)	
GESG				0.018				-0.051
				(0.257)				(-0.618)
Age	0.228*	0.172	0.224*	0.224*	-0.073	-0.121	-0.071	-0.074
	(1.880)	(1.337)	(1.848)	(1.828)	(-0.697)	(-1.148)	(-0.679)	(-0.709)
Size	0.365***	0.341***	0.362***	0.371***	0.231***	0.188***	0.229***	0.232***
	(32.941)	(28.221)	(32.682)	(33.626)	(20.615)	(15.528)	(20.374)	(20.775)
Level	0.700***	0.591***	0.700***	0.692***	0.801***	0.700***	0.800***	0.799***
	(13.114)	(10.440)	(13.144)	(12.910)	(14.418)	(11.692)	(14.398)	(14.361)

续表

变量	高碳排放				低碳排放			
	(1)	(2)	(3)	(4)	(5)	(6)	(7)	(8)
	TFP	*TFP*	*TFP*	*TFP*	*TFP*	*TFP*	*TFP*	*TFP*
Roa	2.036***	1.900***	2.044***	2.050***	2.253***	2.263***	2.245***	2.262***
	(18.298)	(16.312)	(18.408)	(18.386)	(17.841)	(17.179)	(17.783)	(17.932)
Cash	0.158***	0.187***	0.167***	0.167***	0.168***	0.197***	0.170***	0.168***
	(4.112)	(4.677)	(4.342)	(4.332)	(4.646)	(5.174)	(4.707)	(4.654)
*Top*1	-0.214***	0.031	-0.204***	-0.205***	-0.375***	-0.191**	-0.373***	-0.371***
	(-2.897)	(0.404)	(-2.774)	(-2.764)	(-4.209)	(-2.043)	(-4.181)	(-4.156)
Gro	0.268***	0.287***	0.270***	0.267***	0.317***	0.343***	0.317***	0.317***
	(17.000)	(16.575)	(17.151)	(16.905)	(18.996)	(19.040)	(19.030)	(18.986)
Indepdir	0.235*	0.360***	0.214	0.247*	-0.062	-0.028	-0.058	-0.066
	(1.775)	(2.674)	(1.614)	(1.863)	(-0.511)	(-0.226)	(-0.482)	(-0.548)
constant	3.682***	4.301***	3.793***	3.966***	6.036***	6.610***	6.027***	6.345***
	(10.371)	(11.585)	(10.872)	(8.662)	(18.588)	(20.679)	(18.959)	(13.956)
Firm, Year FE	Yes	Yes	Yes	Yes	Yes	Yes	Yes	Yes
Obs.	4818	4233	4818	4818	4448	3810	4448	4448
Adj - R^2	0.432	0.392	0.434	0.429	0.292	0.260	0.292	0.291

表5-17 异质性检验：重污染行业

变量	重污染行业				非重污染行业			
	(1)	(2)	(3)	(4)	(5)	(6)	(7)	(8)
	TFP	*TFP*	*TFP*	*TFP*	*TFP*	*TFP*	*TFP*	*TFP*
ESG	0.078**				0.091***			
	(2.407)				(3.351)			
EESG		0.021*				0.030***		
		(1.670)				(2.737)		
SESG			0.029				0.077***	
			(1.271)				(4.605)	
GESG				0.160*				-0.056
				(1.959)				(-0.844)
Age	0.415***	0.280*	0.400***	0.437***	0.037	-0.016	0.042	0.036
	(2.703)	(1.794)	(2.604)	(2.838)	(0.411)	(-0.177)	(0.472)	(0.398)
Size	0.341***	0.314***	0.342***	0.345***	0.256***	0.220***	0.254***	0.259***
	(24.811)	(21.930)	(24.717)	(25.249)	(26.670)	(21.138)	(26.562)	(27.060)
Level	0.364***	0.318***	0.363***	0.360***	0.976***	0.837***	0.975***	0.973***
	(6.077)	(5.165)	(6.044)	(6.011)	(20.257)	(16.022)	(20.246)	(20.101)

续表

变量	重污染行业				非重污染行业			
	(1)	(2)	(3)	(4)	(5)	(6)	(7)	(8)
	TFP	*TFP*	*TFP*	*TFP*	*TFP*	*TFP*	*TFP*	*TFP*
Roa	2.285***	2.253***	2.290***	2.289***	1.968***	1.861***	1.966***	1.979***
	(18.056)	(17.556)	(18.084)	(18.084)	(18.379)	(16.254)	(18.376)	(18.469)
Cash	0.122**	0.157***	0.126**	0.121**	0.193***	0.206***	0.197***	0.196***
	(2.381)	(2.979)	(2.457)	(2.361)	(6.465)	(6.455)	(6.603)	(6.545)
*Top*1	0.189**	0.236***	0.191**	0.193**	-0.421***	-0.135*	-0.406***	-0.412***
	(2.297)	(2.925)	(2.316)	(2.334)	(-5.696)	(-1.674)	(-5.492)	(-5.568)
Gro	0.312***	0.293***	0.312***	0.311***	0.289***	0.322***	0.290***	0.289***
	(15.693)	(14.052)	(15.680)	(15.631)	(20.732)	(20.738)	(20.827)	(20.722)
Indepdir	0.050	0.079	0.056	0.057	0.103	0.151	0.094	0.096
	(0.372)	(0.590)	(0.412)	(0.419)	(0.929)	(1.306)	(0.846)	(0.863)
constant	3.630***	4.434***	3.804***	3.155***	5.239***	5.842***	5.269***	5.690***
	(8.167)	(9.996)	(8.707)	(5.625)	(19.109)	(20.828)	(19.598)	(15.121)
Firm, Year FE	Yes	Yes	Yes	Yes	Yes	Yes	Yes	Yes
Obs.	2889	2677	2889	2889	6377	5366	6377	6377
Adj - R^2	0.441	0.427	0.440	0.440	0.337	0.294	0.338	0.335

5.6.3 企业产权性质和信息披露意愿

一般而言，国有企业因本身担负着社会职能（林毅夫等，2004[262]），相比非国有企业，其ESG履责情况会更好（McGuinness et al.，2017[33]），一部分也取决于政府在环境、社会等资源管理上给予的政策倾斜，因此市场对国有企业的履责行为认可度可能存疑（张胜等，2012[170]）。相比而言，非国有企业面临的政策优惠可能有限、融资约束相对较高，在履行ESG责任时更有动力，也更多地受自身研发创新、降低成本费用、缓解财务约束和减少非效率投资驱动，所以当其ESG表现越好时，越有利于促进全要素生产率提升。基于企业产权性质的分组检验见表5－18，结果显示，在非国有企业组，综合指标（*ESG*）和环境、社会、公司治理责任分项指标（*EESG*、*SESG*、*GESG*）与*TFP*均在1%或5%水平上显著正相关，但以上相关关系在国有企业组显著较弱或不显著，即ESG对全要素生产率的正向影响在非国有企业组更为凸显。

多数研究认为自愿性信息披露能反映企业真实信息，有利于提高资本市场效率（曹廷求和张光利，2020[171]），且基本面信息越好、履责情况越好的企业越会自愿披露其社会责任信息（沈洪涛，2007[263]）。借鉴刘媛媛和田言（2019）[264]对企业社会责任信息披露方式的划分标准，根据上市公司是否属于政策要求强制披露的范围，本书将样本分为自愿性信息披露组和应规性信息披露组，基于以上分组进行检验，见表5－19。结果显示，对自愿披露信息的企业，其综合指标（*ESG*）和环境、社会责任分项指标（*EESG*、*SESG*）与*TFP*均在1%或5%水平上显著正相关，但以上相关关系在应规披露信息企业下不显著，即ESG对全要素生产率的正向影响在自愿披露社会责任信息企业里更为凸显。究其原因，自愿披露社会责任信息的企业其ESG表现本身比较可靠，更能体现出公司异质性信息，而应规性信息披露无法从根本上杜绝企业操纵信息的可能性，所以前者的ESG作用相比后者更为显著。

表 5－18 异质性检验：企业产权性质

变量	国有企业				非国有企业			
	(1)	(2)	(3)	(4)	(5)	(6)	(7)	(8)
	TFP	*TFP*	*TFP*	*TFP*	*TFP*	*TFP*	*TFP*	*TFP*
ESG	0.017				0.171***			
	(0.609)				(5.477)			
EESG		-0.004				0.067***		
		(-0.351)				(5.149)		
SESG			0.042**				0.110***	
			(2.337)				(5.532)	
GESG				-0.006				0.197**
				(-0.081)				(2.461)
Age	-0.077	-0.011	-0.076	-0.077	0.451***	0.269*	0.441***	0.492***
	(-0.835)	(-0.122)	(-0.817)	(-0.832)	(3.428)	(1.795)	(3.349)	(3.697)
Size	0.254***	0.250***	0.252***	0.255***	0.280***	0.258***	0.279***	0.287***
	(23.123)	(21.839)	(22.866)	(23.211)	(24.311)	(19.675)	(24.275)	(25.063)
Level	0.684***	0.608***	0.686***	0.684***	0.716***	0.624***	0.714***	0.715***
	(12.755)	(10.596)	(12.786)	(12.746)	(13.150)	(10.376)	(13.113)	(13.084)

续表

变量	国有企业				非国有企业			
	(1)	(2)	(3)	(4)	(5)	(6)	(7)	(8)
	TFP	*TFP*	*TFP*	*TFP*	*TFP*	*TFP*	*TFP*	*TFP*
Roa	2.488***	2.533***	2.483***	2.490***	1.933***	1.806***	1.939***	1.949***
	(19.200)	(18.685)	(19.178)	(19.222)	(17.972)	(15.663)	(18.041)	(18.078)
Cash	0.250***	0.258***	0.252***	0.250***	0.137***	0.198***	0.149***	0.143***
	(7.399)	(7.252)	(7.440)	(7.384)	(3.486)	(4.557)	(3.792)	(3.613)
*Top*1	0.093	0.280***	0.098	0.092	-0.247***	-0.037	-0.236***	-0.225***
	(1.232)	(3.545)	(1.295)	(1.223)	(-2.867)	(-0.398)	(-2.749)	(-2.605)
Gro	0.375***	0.373***	0.375***	0.375***	0.256***	0.279***	0.258***	0.255***
	(21.047)	(19.965)	(21.068)	(21.044)	(17.254)	(16.457)	(17.373)	(17.167)
Indepdir	0.273***	0.243**	0.269**	0.272***	-0.149	0.072	-0.137	-0.139
	(2.593)	(2.258)	(2.554)	(2.587)	(-0.964)	(0.433)	(-0.891)	(-0.902)
constant	5.768***	5.672***	5.705***	5.837***	3.679***	4.589***	3.874***	3.233***
	(19.856)	(19.598)	(20.079)	(14.818)	(9.620)	(10.716)	(10.275)	(6.307)
Firm, Year FE	Yes	Yes	Yes	Yes	Yes	Yes	Yes	Yes
Obs.	4797	4402	4797	4797	4469	3641	4469	4469
Adj - R^2	0.311	0.306	0.312	0.311	0.413	0.376	0.413	0.409

表 5-19 异质性检验：自愿性信息披露意愿

变量	自愿性信息披露				应规性信息披露			
	(1)	(2)	(3)	(4)	(5)	(6)	(7)	(8)
	TFP	*TFP*	*TFP*	*TFP*	*TFP*	*TFP*	*TFP*	*TFP*
ESG	0.077***				-0.017			
	(2.680)				(-0.478)			
EESG		0.028**				-0.005		
		(2.333)				(-0.382)		
SESG			0.061***				0.033	
			(3.545)				(1.291)	
GESG				-0.042				0.063
				(-0.576)				(0.803)
Age	0.333***	0.328***	0.340***	0.312***	-0.217**	-0.252**	-0.227**	-0.219**
	(2.856)	(2.676)	(2.917)	(2.658)	(-1.995)	(-2.281)	(-2.088)	(-2.019)
Size	0.318***	0.289***	0.316***	0.321***	0.155***	0.154***	0.155***	0.155***
	(32.085)	(26.416)	(31.882)	(32.436)	(11.287)	(11.039)	(11.248)	(11.287)
Level	0.737***	0.544***	0.737***	0.729***	0.813***	0.848***	0.812***	0.815***
	(15.063)	(10.174)	(15.073)	(14.879)	(11.980)	(12.277)	(11.980)	(11.997)

续表

变量	自愿性信息披露				应规性信息披露			
	(1)	(2)	(3)	(4)	(5)	(6)	(7)	(8)
	TFP	*TFP*	*TFP*	*TFP*	*TFP*	*TFP*	*TFP*	*TFP*
Roa	2.131 ***	1.985 ***	2.134 ***	2.140 ***	2.221 ***	2.272 ***	2.218 ***	2.225 ***
	(20.483)	(18.225)	(20.535)	(20.570)	(13.093)	(13.094)	(13.080)	(13.110)
Cash	0.158 ***	0.168 ***	0.162 ***	0.162 ***	0.142 ***	0.167 ***	0.143 ***	0.142 ***
	(4.547)	(4.474)	(4.650)	(4.630)	(3.742)	(4.282)	(3.768)	(3.738)
*Top*1	-0.177 **	0.162 **	-0.175 **	-0.168 **	-0.100	-0.079	-0.102	-0.102
	(-2.467)	(2.132)	(-2.444)	(-2.337)	(-1.021)	(-0.803)	(-1.041)	(-1.048)
Gro	0.278 ***	0.298 ***	0.278 ***	0.277 ***	0.341 ***	0.342 ***	0.341 ***	0.341 ***
	(19.724)	(18.784)	(19.775)	(19.684)	(17.116)	(16.933)	(17.138)	(17.115)
Indepdir	-0.028	-0.017	-0.030	-0.032	0.176	0.190	0.173	0.180
	(-0.223)	(-0.126)	(-0.238)	(-0.251)	(1.475)	(1.578)	(1.451)	(1.504)
constant	3.904 ***	4.271 ***	3.944 ***	4.316 ***	7.311 ***	7.352 ***	7.191 ***	7.024 ***
	(11.257)	(11.986)	(11.596)	(9.392)	(21.065)	(21.342)	(21.081)	(15.493)
Firm, Year FE	Yes	Yes	Yes	Yes	Yes	Yes	Yes	Yes
Obs.	5812	4718	5812	5812	3219	3131	3219	3219
$Adj-R^2$	0.371	0.335	0.372	0.370	0.246	0.255	0.246	0.246

5.7 本章小结

本章节以企业全要素生产率为视角，探索 ESG 履责对企业效率提升的深层影响关系，采用 2011—2020 年沪深 A 股上市公司数据，深入探讨了企业 ESG 履责是否会驱动全要素生产率的提升，从降本增效和资源配置两个方面着手，分别选取研发创新、成本费用率、财务约束和非效率投资多重机制剖析其作用路径，并从宏观区域层面（区域气候风险、区域碳排放），中观行业层面（重污染行业）和微观企业层面（产权性质、信息披露意愿）探索影响异质性，具体得到以下结论。

第一，企业 ESG 履责可以促进全要素生产率提升，在使用工具变量法、Heckman 两阶段模型和一阶差分模型等缓解内生性问题，以及更换主回归模型、替代解释变量和被解释变量后，这一结论仍然成立。

第二，企业 ESG 履责可以通过降本增效促进其全要素生产率的提升。具体为企业 ESG 履责通过提高企业创新投入和创新产出、降低成本费用，促进了全要素生产率的提升；企业 ESG 履责可以通过优化资源配置促进其全要素生产率提升。具体为企业 ESG 履责通过缓解财务约束、降低非效率投资，进而有利于提升其生产效率，促进全要素生产率的提升。

第三，当企业遭受极端气候风险冲击、处于高碳排放时，ESG 对全要素生产率的提升效应更为显著，尤其企业对社会、环境履责可发挥显著抵御气候风险作用；当企业属于非重污染行业、非国有企业，或自愿进行责任信息披露时，ESG 对全要素生产率的促进作用也更加凸显，进一步证实高质量和自愿性的 ESG 履责行为影响效应更大。

本章研究结论证实了企业 ESG 履责不但有利于环境、社会和外界信息使用者，而且通过降本增效和优化资源配置有利于自身生产效率的提升，即在践行绿色治理同时赋能高质量发展，为监管部门和学术界从低碳发展视角理解推动企业高质量发展的深层因素。

第6章

ESG 履责赋能企业价值增长
——基于异质性机构投资者认同度的分析

在“创新、协调、绿色、开放、共享”的高质量发展主题中，推动建设高质量资本市场，使金融服务实体经济发展，是“增强国内大循环内生动力和可靠性”、实现我国经济协调和共享发展的重要基础和必要保障。为实现金融支持“双碳”战略目标，服务实体经济高质量发展，资本市场需进一步拓宽绿色低碳产业融资渠道，为提高公司直接融资比重和价值增长提供原动力，通过金融将资源配置到实体经济领域，以支持企业低碳转型和高质量发展。

已有研究从制度导向理论、利益相关者理论解释了企业 ESG 履责的驱动力和影响后果。制度导向理论认为，法律法规、文化等相比其他影响因素更能决定企业行为（Tian et al., 2009[265]），这对提升我国企业社会责任也尤为重要（Xun, 2013[266]）；利益相关者理论认为，企业发布对社会和环境等的履责信息是为了满足投资者等信息需求，企业环境绩效与其财务绩效或股票收益存在显著相关关系（Busch and Hoffmann, 2011[52]；Broadstock et al., 2021[54]）。部分文献从利益相关者视角研究发现，越来越多投资者在投资决策时会考虑环境、社会和公司治理等方面的问题（Starks et al., 2017[30]；Krueger et al., 2020[146]），主要原因在于随着环境不确定性增加，气候变化会显著冲击生产经营，给企业带来物理风险、技术风险及监管风险（Ilhan et al., 2021[3]）。因此投资者希望投资组合公司进行气候风险报告（Krueger et al., 2020[146]），以综合评估企业环境、社会等履职情况和潜在的投资损失。综上所述，制度导向和利益相关者需求会驱动企业 ESG 履责，同时股票市场表现能体现出利益相关者认同度，是检验企业履责有效性的重要参考。部分文献基于发达资本市场或全球资本市场，发现企业 ESG 得分与股票市场表现密切相关（Ilhan et al.，2021[3]；Gibson et al.，2020[53]；Broadstock et al.，2021[54]），Marshall 等（2022）[167]利用印度规定的企业社会责任（CSR）法规，发现遵守 CSR 规定的企业吸引了更多的异质性机构投资者投资，并提出 CSR 吸引假说及异质性机构投资者假说。但聚焦于中国上市公司的 ESG 研究尚显不足（邱牧远和殷红，2019[49]；李瑾，2021[267]），且少有研究从利益相关者视角深入分析企业 ESG 履责在中国资本市场上有效性的作用机理。

基于此，本书以 A 股上市公司为研究对象，检验企业 ESG 履责（综合表现及分项表现）在中国资本市场上的有效性，根据 ESG 履责吸引假说及异质性机构投资者假说，从异质性机构投资者或市场投资者短期情绪多重视角，深入分析不同利益相关者对企业 ESG 履责的认同效果，以检验 ESG 履责有效性的作用机理，进一步纳入区域气候环境、行业污染属性以及企业产权性质和环境信息披露方式探讨影响差异。研究结果发现，企业 ESG 履责情况越好，其股票收益越高，ESG 可有效促进股票价值增长，机制检验结果显示，我国企业 ESG 履责有效性的发挥主要是受到与公司无明显商业关系的独立型机构投资者、境外机构投资者的专业认同，而并非市场投资者短期情绪影响所致。以上效应在企业遭遇气候风险冲击、处于高碳排放区域时更显著，且对于轻污染行业、非国有企业或在年报中披露环境信息的公司更为显著，即 ESG 或环境履责较好的公司，能消除气候环境变化带来的风险动荡，机构投资者倾向于投资绿色资产，重视合规性环境信息披露以降低投资风险，良好的 ESG 履责行为发挥了一定抵御气候风险和避险功能。

相较已有研究，本章可能的增量贡献体现在如下方面：第一，从利益相关者视角剖析了 ESG 履责促进股票价值增长的多重作用机理，丰富了利益相关者理论，有利于识别中国资本市场环境下企业 ESG 履责动因及投资者群体偏好。部分研究探讨了 ESG 对股票市场表现的影响，但鲜有研究聚焦于利益相关者视角，从不同市场参与者对 ESG 履责的认同度剖析市场反应的深层作用机理，本书通过对异质性机构投资者及市场投资者短期情绪进行机制检验，发现 ESG 有效性的发挥主要得益于独立型机构投资者或境外机构投资者的认同和关注，而短期的市场投资者情绪并未显著发挥中介效应，印证了 Gibson 等（2020）[53]、Ilhan 等（2021）[3] 等的研究结果，证实了我国机构投资者会将气候变化风险纳入投资过程，发挥低碳引领作用，为学术界和实务界理解企业 ESG 履责动因和经济后果均提供了重要参考。第二，从气候风险、行业、公司特征多维因素拓展检验了 ESG 履责的经济后果，丰富了现有文献研究，有助于监管部门和企业理解 ESG 的避险作用，而且为企业结合自身行业特征和企业特质，差异化推进 ESG 及履行低碳发展主体责任提供了论据支撑，有利于企业吸引更多专业机构投资者，以提升高水平融资能力促进价值增长。第三，本书研究体现了 ESG 投资理念下机构投资者的市场引领作用，有助于培育资本市场成熟理性的投资理念，提高投资者对影响投资收益相关风险的识别意识，增强 ESG 履责企业和资本市场抗风险能力。

6.1 理论分析与研究假设

6.1.1 ESG 履责与股票累计收益率

较多文献从资本成本（Hong and Kacperczyk，2009[23]；El

Ghoul et al., 2011[58]; Pástor et al., 2021[268])、企业风险（Albuquerque et al., 2019[39]）、经营绩效和公司价值（Gao and Zhang, 2015[269]; Fatemi et al., 2015[38]; Chang et al., 2019[270]）等方面，发现了ESG的积极作用，认为ESG表现越好的企业，越能够降低其资本成本和系统风险、增加经营绩效和公司价值。原因主要在于：第一，材料能源耗费的降低会提高企业经营效率，进而增加其业绩或公司价值；第二，ESG表现较好的企业能产生广告效应，有利于树立品牌声誉（Hsu, 2012[271]; Cahan et al., 2015[272]），吸引更多客户关注，增加企业现金流；第三，当处于环境法规较严格的地区，气候监管风险与企业环境表现密切相关（Seltzer et al., 2022[273]），因此企业在ESG方面的积极表现可减少监管负担。

部分文献研究了企业ESG履责对股票市场表现的影响，认为ESG/CSR绩效或环境表现可降低投资组合风险（Hoepner et al., 2018[60]; Gibson et al., 2020[53]），与股票收益之间关系显著为正（Edmans, 2011[274]; Dimson et al., 2015[28]; Garel and Petit - Romec, 2021[125]），根据制度导向理论和利益相关者理论，企业ESG信息披露不但受监管政策影响，更为了满足投资者等利益相关者的信息需求。因此主要从利益相关者视角解释了股票市场对企业ESG积极反应的主要原因：一是越来越多投资者认为气候风险对其投资组合公司具有财务影响，尤其与气候相关的监管风险带来的负面影响已经开始显现，将气候标准纳入投资过程能有效降低股票组合下行风险（Jagannathan et al., 2018[57]; Hoepner et al., 2018[60]），重视ESG投资是投资者应对气候风险的有效途径（Krueger et al., 2020[146]），因此投资者越来越重视将ESG问题纳入投资决策（Cui and Docherty, 2020[275]）。二是投资者会奖励企业在应对气候变化方面的举措（如减少环境排放和能源使用），尤其当遭受气候相关危机或低信任期时，投资者对环境的注意力不降反增，对ESG的投资偏好也更为凸显（Garel and Petit - Romec,

2021[125])。

在早期中国资本市场上，企业的社会责任管理主要受外部政策因素驱动（Wing - Hung et al. ，2010[20]），政策导向下的信息披露会促使企业加强对环境问题的管理，发布环境信息的企业能显著改善其环境绩效。近年来，随着国内外极端自然灾害事件频发，气候问题成为世界各国广为关注的焦点，党的十八大提出加强生态文明建设的战略布局，促使我国企业社会责任取得快速发展（Shin，2014[276]），在“碳达峰、碳中和”目标引领下，投资者开始日益重视企业的 ESG 履责情况。不同于发达资本市场，我国资本市场企业 ESG 投资尚处于快速发展阶段，随着监管部门及投资者对企业 ESG 表现愈加重视，其在中国资本市场更能发挥积极作用。

基于此，本书提出假设 6. 1：

H6. 1：企业 ESG 履责能显著提升股票累计收益。

6. 1. 2　ESG 履责影响股票收益的作用机制分析

根据前文分析可知，ESG 履责能够满足投资者等利益相关者需求，进而有利于股票收益。Marshall 等（2022）[167] 发现遵守 CSR 规定的印度企业吸引了更多的外国机构投资者，提出 CSR 吸引假说，即高水平的 CSR 参与通过提高信息透明度和促进更好的公司治理可减轻外国机构投资者的担忧，进而获取更多机构投资者投资。机构投资者认为气候风险对其投资组合公司具有财务影响，尤其会带来监管风险（Garel and Petit - Romec，2021[125]），因此越来越多的机构投资者在投资决策时考虑到环境管理、社会和治理等方面的问题（Krueger et al. ，2020[146]），他们相信高 ESG 公司从长期来看能创造价值，所以对其也更具耐心（Starks et al. ，2017[30]），全球绝大多数地区的机构投资者均表现出对高 ESG 投资组合的偏好（Gibson et al. ，2020[53]）。此外，气候变化对股票收益带来的负面影响是显而易见的（Hong et al. ，2019[122]），而机构投资者和公司视为应对气候相关监管风险的最强大力量（Stroebel and Wurgler，2021[4]）。综上所述，ESG/CSR 履责吸引假说认为高 ESG 公司可吸引更多机构投资者进入，获取更高水平的投资，而机构投资者也能应对气候变化给股票收益带来的负面影响，所以企业 ESG 履责可以通过吸引机构投资者进入进而提升股票累计收益率。

与此同时，也有研究从市场情绪方面研究了 ESG 的局限性或负面效应。Di Giuli 和 Kostovetsky （2014）[129]、Fatemi 等 （2018）[216]、Buchanan 等 （2018）[45]等陆续发现企业 ESG/CSR 与业绩、公司价值之间关系为负或存有争议，他们将这一结果初步解释为“利益相关者从社会责任中获得的任何利益都是以公司价值为直接代价的”。部分研究指出企业 ESG/CSR 对公司价值的促进作用受其广告宣传影响（Servaes and Tamayo，2013[40]），股票市场对 ESG 新闻的正向反应不敏感，但对 ESG 坏消息有明显负向反应（Capelle - Blancard and Petit，2019）[277]，Masulis 和 Reza （2015）[47]也发现股票市场对公司慈善捐款的宣布产生了负面反应。以上研究发现，部分市场参与者可能认为企业过度投资的 ESG 成本会损害股东价值和投资者利益（Buchanan et al.，2018[45]），进而对企业 ESG 表现不敏感或有短期负面情绪。

在我国资本市场上，机构投资者对投资目标的考察较为全面和严谨，因此会考虑气候环境带来的监管风险和财务风险因素，ESG 履责更易吸引机构投资者认同，相较之下，部分散户投资者或其他不成熟的市场参与者更易受噪声交易影响，可能对企业 ESG 表现不敏感或出现一定信息滞后性。

基于此，本书提出假设 6.2：

H6.2：企业 ESG 履责主要通过机构投资者认同而非投资者短期情绪路径对股票收益产生积极效应。

也有研究认为不同类型机构投资者对 ESG 偏好程度差异较大，提出机构投资者异质性假说（Marshall et al.，2022[167]）。Pedersen

等（2021）[36]将投资者分为三类：U 型（对 ESG 不知情）、A 型（有 ESG 意识）和 M 型（ESG 偏好型），他们指出 M 型投资者相比 U 型投资者更能利用 ESG 信息，更善于权衡高预期回报、低风险和高 ESG 得分，确定最佳投资组合。部分研究发现负责任的或较为专业的投资者更偏好负责任的公司，如 Hong 和 Kacperczyk（2009）[23]表明，受社会约束的机构（如养老金）对不负社会责任的股票有厌恶情绪，在 CSR/ESG 表现较差的股票往往由约束较少投资者持有，Hong 和 Kostovetsky（2012）[278]也发现较为负责任的共同基金经理对 CSR 履责较差的股票投资相对不足。Marshall 等（2022）[167]发现来自民法起源国家的以及那些被认为是独立和长期的外国机构投资者更有可能投资于履行强制性企业社会责任的公司。以上研究均支持异质性机构投资者假说，即负责任的或较为专业的机构投资者对 ESG 履责较好的公司可能更为青睐。

在我国资本市场，机构投资者根据投资风格可分为两大类：独立型机构投资者（基金、社保基金、合格境外投资者）和非独立型机构投资者（券商、信托、银行、保险、财务公司以及非金融类上市公司）（李安泰等，2022[279]）。相比非独立机构投资者，独立机构投资者一般与企业之间没有密切的商业往来，因此其公司治理效应更强，也更有动力积极监督公司完善公司治理以减轻代理问题，维护自身投资收益（李安泰等，2022[279]），故其能够识别公司的 ESG 履责行为，将 ESG 纳入投资过程以降低可能的投资风险，通过在投资组合中纳入高 ESG 公司还有助于其建立自身声誉而进一步获益，从而使其更有动力投资于高 ESG 公司；而非独立机构投资者往往与公司有较密切的商业关系，因可以更好地获取内部消息，所以通过进行 ESG 投资而获益的动力相对较低。据此本书推测，相比非独立机构投资者，独立机构投资者更愿意投资高 ESG 公司，进而促进其股票收益提升。

此外，多数的研究实践聚焦于发达资本市场，而对新兴资本市场关注较少，CSR/ESG 的管理实践活动在新兴市场也存在差距，所以外国机构投资者进入新兴资本市场成为促进企业 ESG 行为的重要因素。Aggarwal 等（2011）[280] 发现外国投资者和独立机构投资者在改善公司治理时会更加积极，Bohl 等（2009）[137] 提出在新兴经济体外国投资者和异质性机构投资者会对企业的社会责任活动产生积极影响，Velte（2023）[281] 也有一致性结论，他们总结出长期、可持续以及外国机构投资者对企业的 CSR/ESG 更能发挥积极监督作用。原因主要在于一方面外国机构投资者因面临较大的信息不对称和监管成本，所以在选择拟投资企业时更为慎重，而将 ESG 纳入投资过程可以降低其投资风险；另一方面外国机构投资者可以带来发达市场先进的管理理念，其在监督企业 ESG 履责上也更加主动积极。因此外国机构投资者更愿意持有高 ESG 公司，进而促进其股票收益提升。

基于此，本书提出假设 6.3：

H6.3：企业 ESG 履责主要通过吸引独立型和外国机构投资者持股进而对股票收益产生积极效应。

6.2 研究设计

6.2.1 样本选择与数据来源

基于彭博数据终端的 ESG 数据来源，本书选择 2011—2020 年 A 股沪深上市公司为研究样本，并进行如下剔除：（1）金融行业样本；（2）ST 和 *ST 样本；（3）主要变量数据缺失的样本，形成公司 - 年度有效样本为 9142 个。除了 ESG 评分数据外，上市公司年累计收益率数据主要来自 Resset 金融数据库，极端气候风险数据通过百度百科、应急管理部官网等渠道手工搜集整理，其余中介变量及控制变量数据主要来自 CNRDS 和 CSMAR 数据库。为避免异常值影响研究结论，本书同时对连续变量进行 1% 的 Winsorize 缩尾处理。本书的数据整理和统计分析均采用 Stata17.0 软件处理。

6.2.2 实证模型与变量定义

为检验企业 ESG 履责的股票市场反应，设计基准模型如下：

$$SRET_{i,t} = \alpha_0 + \alpha_1 ESG_{i,t} + \alpha_2 Controls_{i,t} + \sum Firm_i + \sum Year_t + \varepsilon_{i,t} \quad (6.1)$$

其中，$SRET_{i,t}$ 为股票 i 在 t 年的累计收益率，$ESG_{i,t}$ 为股票 i 在 t 年的 ESG 综合评分（*ESG*）和分项评分（*EESG*、*SESG*、*GESG*）。控制变量包括可能影响股票累计收益率的公司特征和市场特征变量，公司年龄（*Age*，公司上市年数加 1 的自然对数）、资产负债率（*Level*）、公司业绩（*ROE*）、前十大股东持股比例（*TOP*）、成长性（*Gro*，总资产增长率）、企业规模（*Size*，员工总数的自然对数）、股票波动率（*Sdret*，股票日收益率的年度标准差）、股票价格（*Lnprice*，收盘价的自然对数）、股东户数（*Holders*，股东户数的自然对数）。模型（6.1）同时控制了公司个体和年份固定效应。

主要变量的说明及定义见表 6－1。

表 6－1　　主要变量说明及定义

类型	名称	符号	定义
被解释变量	累计收益率	*SRET*	股票年累积收益率
解释变量	ESG 履责	*ESG*	企业 ESG 综合责任得分
		EESG	企业 ESG 环境方面得分
		SESG	企业 ESG 社会方面得分
		GESG	企业 ESG 公司治理方面得分

续表

类型	名称	符号	定义
机制检验	增持机构投资者	*InHolderNum*	增持机构投资者家数
	新进机构投资者	*NHolderNum*	新进机构投资者家数
	投资者短期情绪波动	*Sent*	隔夜股票收益率
	独立机构投资者持股	*Indepinst*	基金、社保基金、合格境外投资者（QFII）持股比例合计
	外资持股	*Foreigninst*	境外机构投资者持股比例
	非独立机构投资者持股	*Depinst*	券商、信托、银行、保险、财务公司持股比例合计
控制变量	公司成熟度	*Age*	公司上市时长（年）
	负债水平	*Level*	资产负债率
	企业盈利能力	*Roe*	净资产收益率
	股权集中度	*Top*10	前十大股东持股比例
	企业成长性	*Gro*	（本期营业收入－上期营业收入）/上期营业收入
	公司规模	*Size*	员工总数的自然对数
	股票波动率	*Sdret*	股票日收益率的年度标准差
	股票价格	*Lnprice*	收盘价的自然对数
	股东户数	*Holders*	股东户数的自然对数

6.3 实证回归结果分析

6.3.1 描述性统计与相关性分析

变量的描述性统计如表6－2所示。在样本期间内，A股上市公司ESG评分最高得分为44.215，最低得分为9.091，均值为

20.331，在环境（*EESG*）、社会（*SESG*）和公司治理（*GESG*）分项评级结果中，*GESG* 均值相比 *EESG*、*SESG* 较高，*SESG*、*EESG* 的标准差相比 *GESG* 较高，说明研究样本中各公司的公司治理相比环境、社会责任更加完善，公司治理得分差异也相对较小，而环境得分相对较低，主要是因为多数公司环境信息披露相比公司治理不太完善，描述性统计结果还显示出各公司环境、社会责任履责尚存在较大差异，有待进一步完善。

表 6-2　　　　描述性统计

变量	均值	中位数	标准差	最小值	最大值	样本量
SRET	0.118	0.007	0.483	-0.559	2.089	9142
ESG	20.331	19.835	6.387	9.091	44.215	9142
EESG	10.494	9.302	7.206	2.083	42.636	7764
SESG	23.197	22.807	9.182	7.018	56.140	8943
GESG	44.686	44.643	4.932	33.929	57.143	9142
Age	20.014	20	5.391	7	36.000	9142
Level	0.474	0.483	0.201	0.069	0.937	9142
ROE	8.307	8.469	12.676	-57.812	41.882	9142
Top	0.589	0.591	0.156	0.224	0.937	9142
Gro	0.127	0.094	0.284	-0.530	1.433	9142
Size	8.366	8.343	1.293	2.303	13.223	9142
Sdret	0.026	0.025	0.008	0.011	0.051	9142
Lnprice	2.430	2.398	0.739	0.853	4.429	9142
Holders	10.831	10.819	0.867	8.738	13.221	9142

注：表格内数值除整数外，其余均保留 3 位小数。

6.3.2　基准回归结果

表 6-3 为基于模型（6.1）检验 ESG 履责对累计收益率的影响结果，其中第（1）~第（4）列为控制行业和年份的混合 OLS

模型回归结果，第（5）~第（8）列为控制公司个体和年份固定效应后的回归结果。第（1）、第（2）、第（5）、第（6）列中ESG综合评分（*ESG*）、分项评分（*EESG*）与累计收益率（*SRET*）在1%水平上显著正相关，说明ESG和环境评分越高的公司会获得显著更好的股票回报，分项评分（*SESG*、*GESG*）与*SRET*在5%水平上显著正相关但不稳健，在控制公司个体和年份的固定效应模型下*GESG*和*SRET*的系数未通过显著性检验，说明社会责任评分越高的公司，股票收益可能也越高，但公司治理影响效应较弱，这一结果与第5章ESG分项指标公司治理（G）维度对全要素生产率影响效应较弱基本一致，原因可能是投资者长期以来对公司治理较为关注，也是他们一直以来进行投资决策的主要依据，所以ESG中G对投资者的增量影响效应不如环境或社会责任维度。以上结果佐证了H6.1，即ESG表现越好的公司，其股票收益率相对越高，ESG履责使得上市公司更易得到投资者认同，提升了上市公司股票在资本市场的收益。

控制变量中，基于固定效应回归的结果显示：公司业绩（*ROE*）、成长性（*Gro*）、收益波动性（*Sdret*）与*SRET*的关系显著为正，前十大股东持股比例（*Top*10）、股东户数（*Holders*）与*SRET*的关系显著为负。

6.4 内生性与稳健性检验

6.4.1 倾向得分匹配法

由于ESG履责较好的企业有可能本身具有较好的公司基本面信息，更易获得较高收益率，因此可能存在函数形式设定错误而导致有偏估计内生性问题。为缓解可能存在的内生性问题，本书先采用倾向得分匹配法（PSM），根据 ESG 综合评分将均值以上的设置为高 ESG 组（5201 个样本），均值以下的设置为低 ESG 组（3941 个样本），为高 ESG 评级样本匹配低 ESG 评级样本，再根据匹配后的样本检验 *ESG* 和 *SRET* 之间的关系。

首先，选择混合 1:1 最近邻匹配法。此方法下将多期面板数据转化为截面数据混合处理，每个高 ESG 样本匹配 1 个低 ESG 样本，结果显示高 ESG 组和低 ESG 组协变量差异及偏差显著降低（见表 6－4），但仍有个别变量存显著差异，说明此匹配方法在一定程度上缓解了内生性问题但存有局限性，根据匹配后的样本基于模型（6.1）检验结果如表 6－5 第（1）列所示。因此种方法易出现自匹配问题，会使匹配结果掺杂大量时间趋势信息，因此本书接下来主要采用逐年匹配方法。其次，选择逐年 1:1 最近邻匹配法。此方法下将每年截面数据逐一处理，每年为每个高 ESG 样本匹配 1 个低 ESG 样本，结果显示高 ESG 组和低 ESG 组协变量差异及偏差显著降低（见表 6－6），但仍有个别变量存有差异，此匹配方法在一定程度上缓解了内生性问题，根据匹配后的样本基于模型（6.1）检验结果如表 6－8 第（2）列所示。再次，选择逐年半径匹配法。每年为高 ESG 组在设定半径 0.05 范围内匹配低 ESG 组进行半径匹配，匹配后两组之间的协变量差异及偏差显著降低（见表 6－7），此匹配方法较大程度上缓解了模型存在的内生性问题，根据匹配后的样本基于模型（6.1）检验结果如表 6－8 第（3）列所示。最后，选择逐年核匹配法。每年为高 ESG 组通过核函数来匹配低 ESG 组，匹配后两组之间的协变量差异及偏差显著降低（见表 6－8），根据匹配后的样本基于模型（6.1）检验结果见表 6－8 第（4）列。以上四种方法均不同程度剔除了一些未匹配成功样本，根据匹配前后的协变量差异检验结果显示，逐年半径匹配法和逐年核匹配法更能消除高 ESG 组和低 ESG 组公司特征相关变量差异，匹配结果更好。

表 6-3　基准回归：ESG 履责与股票累计收益率

变量	(1) SRET	(2) SRET	(3) SRET	(4) SRET	(5) SRET	(6) SRET	(7) SRET	(8) SRET
ESG	0.002***				0.005***			
	(3.150)				(3.494)			
EESG		0.002***				0.003***		
		(3.355)				(3.129)		
SESG			0.001				0.002**	
			(1.278)				(1.987)	
GESG				0.002**				-0.001
				(2.513)				(-0.537)
Age	-0.000	-0.000	-0.000	-0.000	0.002	0.003	0.000	0.003
	(-0.216)	(-0.530)	(-0.260)	(-0.218)	(0.105)	(0.165)	(0.001)	(0.164)
Level	0.000	0.006	0.002	-0.002	0.060	0.038	0.044	0.055
	(0.005)	(0.237)	(0.091)	(-0.063)	(1.247)	(0.707)	(0.904)	(1.145)
ROE	0.006***	0.006***	0.006***	0.006***	0.005***	0.005***	0.005***	0.005***
	(14.185)	(13.801)	(14.001)	(14.239)	(11.259)	(10.492)	(10.779)	(11.256)
Top	0.000	0.000	0.000	0.000	-0.002**	-0.001	-0.001**	-0.001**
	(0.809)	(0.843)	(0.954)	(0.974)	(-2.279)	(-1.493)	(-2.191)	(-2.005)

续表

变量	(1) SRET	(2) SRET	(3) SRET	(4) SRET	(5) SRET	(6) SRET	(7) SRET	(8) SRET
Gro	0.176***	0.176***	0.176***	0.176***	0.159***	0.162***	0.160***	0.158***
	(10.495)	(9.400)	(10.329)	(10.482)	(9.981)	(9.032)	(9.836)	(9.894)
Size	0.022***	0.021***	0.024***	0.023***	-0.000	0.010	0.005	0.002
	(5.150)	(4.579)	(5.529)	(5.361)	(-0.030)	(0.878)	(0.463)	(0.156)
Sdret	25.811***	24.317***	25.577***	25.766***	32.342***	31.066***	32.186***	32.238***
	(26.530)	(23.482)	(26.241)	(26.427)	(33.549)	(30.061)	(32.969)	(33.413)
Lnprice	0.029***	0.030***	0.033***	0.031***	-0.001	-0.015	0.004	0.004
	(-12.504)	(-11.862)	(-12.650)	(-13.064)	(0.790)	(0.174)	(0.829)	(0.813)
	(3.611)	(3.494)	(4.051)	(3.761)	(-0.087)	(-1.105)	(0.330)	(0.346)
Holders	-0.015**	-0.007	-0.011*	-0.014**	-0.132***	-0.115***	-0.131***	-0.127***
	(-2.248)	(-1.002)	(-1.666)	(-2.014)	(-11.200)	(-8.733)	(-10.800)	(-10.856)
constant	-1.158***	-1.192***	-1.187***	-1.244***	0.235	0.060	0.253	0.246
Ind, Year	Yes	Yes	Yes	Yes				
Firm, Year FE					Yes	Yes	Yes	Yes
Obs.	9142	7764	8943	9142	9142	7764	8943	9142
Adj - R^2	0.458	0.446	0.455	0.458	0.394	0.372	0.387	0.393

表6-4 混合1:1最近邻匹配前后协变量差异检验

变量	U未匹配/M匹配	ESG高组均值	ESG低组均值	偏差%	t值	p>|t|
Age	U	20.059	19.907	2.800	1.340	0.180
	M	20.051	19.907	2.700	1.190	0.234
Level	U	0.457	0.497	-20.500	-9.620	0.000
	M	0.486	0.497	-5.900	-2.670	0.008
ROE	U	7.842	9.007	-9.000	-4.200	0.000
	M	9.021	9.007	0.100	0.050	0.961
Top	U	57.636	60.430	-17.800	-8.430	0.000
	M	59.415	60.430	-6.500	-2.890	0.004
Gro	U	0.142	0.112	10.100	4.720	0.000
	M	0.107	0.112	-1.900	-0.970	0.332
Size	U	8.102	8.714	-48.300	-23.080	0.000
	M	8.482	8.714	-18.300	-8.710	0.000
Sdret	U	0.027	0.025	18.600	8.780	0.000
	M	0.025	0.025	3.300	1.540	0.125
Lnprice	U	2.453	2.403	6.800	3.240	0.001
	M	2.412	2.403	1.300	0.590	0.557
Holders	U	10.692	10.996	-35.600	-17.000	0.000
	M	10.856	10.996	-16.500	-7.540	0.000

表6-5 内生性检验：倾向得分匹配法

变量	混合最近邻匹配 (1) *SRET*	逐年最近邻匹配 (2) *SRET*	逐年半径匹配 (3) *SRET*	逐年核匹配 (4) *SRET*
ESG	0.004***	0.004***	0.004***	0.004***
	(3.286)	(2.822)	(3.418)	(3.380)
Age	-0.003	0.014	0.002	0.003
	(-0.129)	(0.701)	(0.134)	(0.199)

续表

变量	混合最近邻匹配 (1) *SRET*	逐年最近邻匹配 (2) *SRET*	逐年半径匹配 (3) *SRET*	逐年核匹配 (4) *SRET*
Level	0.045	0.091 *	0.051	0.054
	(0.824)	(1.671)	(1.060)	(1.120)
ROE	0.005 ***	0.004 ***	0.004 ***	0.004 ***
	(10.207)	(9.242)	(10.991)	(10.548)
Top	-0.001	-0.001 *	-0.002 **	-0.002 **
	(-1.515)	(-1.806)	(-2.312)	(-2.350)
Gro	0.186 ***	0.169 ***	0.155 ***	0.155 ***
	(9.813)	(9.283)	(10.111)	(9.944)
Size	0.019	-0.013	-0.001	-0.005
	(1.604)	(-1.159)	(-0.140)	(-0.439)
Sdret	33.349 ***	34.521 ***	33.209 ***	33.587 ***
	(32.314)	(32.618)	(34.461)	(34.733)
Lnprice	-0.022 *	-0.015	-0.005	-0.007
	(-1.651)	(-1.081)	(-0.363)	(-0.549)
Holders	-0.096 ***	-0.114 ***	-0.135 ***	-0.131 ***
	(-7.480)	(-9.132)	(-11.515)	(-11.170)
constant	-0.223	-0.066	0.261	0.231
	(-0.643)	(-0.192)	(0.862)	(0.767)
Firm, Year FE	Yes	Yes	Yes	Yes
Obs.	7884	7684	9082	9018
Adj - R^2	0.372	0.369	0.397	0.394

表 6-6　　逐年 1:1 最近邻匹配前后协变量差异检验
(仅以 2020 年为例)

变量	U 未匹配/M 匹配	ESG 高组均值	ESG 低组均值	偏差%	t 值	p>|t|
Age	U	23.778	24.112	-7.000	-1.050	0.293
	M	24.127	24.112	0.300	0.040	0.968
Level	U	0.454	0.501	-24.900	-3.610	0.000
	M	0.499	0.501	-1.000	-0.140	0.891
ROE	U	5.678	9.825	-30.000	-4.290	0.000
	M	9.860	9.825	0.300	0.040	0.968
Top	U	54.719	61.288	-43.100	-6.470	0.000
	M	60.179	61.288	-7.300	-1.000	0.318
Gro	U	0.043	0.066	-8.600	-1.280	0.202
	M	0.072	0.066	2.100	0.270	0.784
Size	U	8.188	9.088	-75.000	-11.420	0.000
	M	8.835	9.088	-21.100	-3.040	0.002
Sdret	U	0.028	0.025	38.500	5.760	0.000
	M	0.026	0.025	8.300	1.120	0.264
Lnprice	U	2.216	2.389	-19.500	-2.970	0.003
	M	2.329	2.389	-6.800	-0.860	0.388
Holders	U	10.888	11.191	-40.200	-6.090	0.000
	M	11.026	11.191	-21.800	-2.840	0.005

表 6-7　　逐年半径匹配前后协变量差异检验
(仅以 2020 年为例)

变量	U 未匹配/M 匹配	ESG 高组均值	ESG 低组均值	偏差%	t 值	p>|t|
Age	U	23.778	24.112	-7.000	-1.050	0.293
	M	23.798	24.223	-8.800	-1.660	0.098

续表

变量	U 未匹配/M 匹配	ESG 高组均值	ESG 低组均值	偏差%	t 值	p > | t |
Level	U	0. 454	0. 501	-24. 900	-3. 610	0. 000
	M	0. 453	0. 467	-7. 000	-1. 220	0. 223
ROE	U	5. 678	9. 825	-30. 000	-4. 290	0. 000
	M	5. 790	6. 528	-5. 300	-0. 890	0. 373
Top	U	54. 719	61. 288	-43. 100	-6. 470	0. 000
	M	54. 767	54. 590	1. 200	0. 220	0. 829
Gro	U	0. 043	0. 066	-8. 600	-1. 280	0. 202
	M	0. 043	0. 059	-5. 900	-0. 980	0. 326
Size	U	8. 188	9. 088	-75. 000	-11. 420	0. 000
	M	8. 196	8. 212	-1. 400	-0. 260	0. 797
Sdret	U	0. 028	0. 025	38. 500	5. 760	0. 000
	M	0. 028	0. 028	3. 100	0. 570	0. 568
Lnprice	U	2. 216	2. 389	-19. 500	-2. 970	0. 003
	M	2. 218	2. 208	1. 100	0. 200	0. 839
Holders	U	10. 888	11. 191	-40. 200	-6. 090	0. 000
	M	10. 891	10. 881	1. 300	0. 250	0. 806

表 6-8　　逐年核匹配前后协变量差异检验（仅以 2020 年为例）

变量	U 未匹配/M 匹配	ESG 高组均值	ESG 低组均值	偏差%	t 值	p > | t |
Age	U	23. 778	24. 112	-7. 000	-1. 050	0. 293
	M	23. 862	24. 198	-7. 000	-1. 290	0. 198
Level	U	0. 454	0. 501	-24. 900	-3. 610	0. 000
	M	0. 456	0. 468	-6. 600	-1. 140	0. 256
ROE	U	5. 678	9. 825	-30. 000	-4. 290	0. 000
	M	6. 126	7. 030	-6. 500	-1. 100	0. 270

续表

变量	U未匹配/M匹配	ESG高组均值	ESG低组均值	偏差%	t值	p>|t|
Top	U	54.719	61.288	-43.100	-6.470	0.000
	M	55.204	55.016	1.200	0.230	0.821
Gro	U	0.043	0.066	-8.600	-1.280	0.202
	M	0.047	0.063	-5.600	-0.930	0.353
Size	U	8.188	9.088	-75.000	-11.420	0.000
	M	8.254	8.261	-0.600	-0.120	0.903
Sdret	U	0.028	0.025	38.500	5.760	0.000
	M	0.028	0.028	1.400	0.250	0.802
Lnprice	U	2.216	2.389	-19.500	-2.970	0.003
	M	2.231	2.226	0.600	0.100	0.917
Holders	U	10.888	11.191	-40.200	-6.090	0.000
	M	10.903	10.878	3.300	0.610	0.545

表6-5结果显示，匹配后回归结果中*ESG*和*SRET*均在1%水平上显著为正，以上结果证实在一定程度上克服因函数形式设定错误而导致的内生性问题后，企业ESG表现仍会显著影响其股票收益率，佐证了本书主要研究结论。

6.4.2 工具变量法

上述研究表明ESG表现越好股票累计收益率越高，但也可能股票累计收益率高的公司更偏向ESG履责，即两者之间可能存在互为因果关系。为缓解以上内生性问题，本书借鉴已有研究(Fatemi et al., 2018)[216]，选择公司是否设置ESG或CSR相关专业委员会（*Committee*）以及同城市其他公司的ESG表现（*MESG*）为工具变量。是否设置ESG/CSR相关委员会度量为：考虑ESG或CSR在我国的发展进程相比国外发达市场相对滞后，因此多数上市公司未直接设置 ESG 或 CSR 委员会，结合公司发展或投资者要求，会将相关业务并入可持续发展、绿色环保、权益保护等相关委员会，因此本书扩大筛选范围，根据公司委员会成员任职部门，若该公司有成员任职“ESG”“CSR”“社会责任”“可持续/发展”“绿色”“环保”“消费者权益保护”“信息披露”委员会，则视其设置了 ESG/CSR 相关委员会 *Committee* =1，反之为 0，除四大委员会外，部分大型企业可能设置 ESG 或 CSR 等相关专业委员会，会直接督促企业进行 ESG 履责，故满足相关性要求，同时，公司设置 ESG 或 CSR 相关专业委员会无法直接影响股票收益率，故满足外生性要求。

同城市其他公司的 ESG 表现度量为根据公司注册地所在城市除本公司外其余上市公司 ESG 评分均值，因同城市其他公司和本公司处于同一制度环境和政策环境，其监管压力和政策依据基本一致，因此与本公司 ESG 应该相关，满足相关性要求，而同城市其他公司的 ESG 表现与本公司的股票收益率无关，故满足外生性要求。

使用两阶段工具变量法（2SLS）进行内生性检验结果如表 6 – 9 第（1）~第（2）列所示：第一阶段回归显示，工具变量 *Committee*、*MESG* 与 *ESG* 之间在 1% 水平上显著正相关，与预期判断一致，说明工具变量相关性假设成立；第二阶段回归结果显示，*ESG* 的拟合值与 *SRET* 在 5% 的水平上仍然显著正相关，说明在采用工具变量缓解潜在内生性问题后，本书的结论依旧成立。同时检验了工具变量的有效性和适用性，Hausman 检验结果显示，使用工具变量前后，模型系数之间差异 p 值为 0.079，即本书关注的核心变量确实存在一定内生性问题；弱工具变量检验结果显示，Cragg – Donald Wald F 统计值（以下简称“C – D Wald F”）为 35.927，而弱工具变量检验 10% 的临界值是 19.93，在 10% 水平上拒绝了弱工具变量原假设。进行工具变量过度识别检验显示，Hansen J statistic

的值为 1.005，不拒绝工具变量外生性的原假设，对应 p 值为 0.3161，小于0.5，即 *Committee* 和 *MESG* 满足工具变量的外生性要求，且显示不存在工具变量较多的问题。

表 6-9　内生性检验：工具变量法（2SLS）以及 Heckman 两阶段检验

变量	第一阶段 (1) *ESG*	第二阶段 (2) *SRET*	Heckman 两阶段 (3) *SRET*
Committee	0.866***		
	(5.175)		
MESG	0.064***		
	(6.509)		
ESG 拟合值		0.016**	0.002**
		(2.014)	(2.17)
Age	0.083***	-0.001	0.064***
	(6.396)	(-1.299)	(5.83)
Level	0.637*	-0.011	2.511***
	(1.684)	(-0.423)	(5.87)
ROE	0.009*	0.006***	0.031***
	(1.757)	(15.661)	(7.16)
Top	5.488***	-0.060	4.448***
	(12.114)	(-1.136)	(5.90)
Gro	-0.732***	0.170***	0.041
	(-3.456)	(11.426)	(1.55)
Size	0.915***	0.012	0.213***
	(14.537)	(1.469)	(6.50)
Sdret	-99.983***	27.659***	-7.100
	(-8.150)	(24.603)	(-1.25)

续表

变量	第一阶段 (1) ESG	第二阶段 (2) SRET	Heckman 两阶段 (3) SRET
Lnprice	0.785***	0.019**	0.503***
	(7.187)	(2.028)	(6.23)
Holders	1.679***	-0.041***	1.069***
	(17.817)	(-2.853)	(5.80)
IMR			10.228***
			(5.88)
constant	-14.349***	-0.962***	-36.209***
	(-11.185)	(-7.150)	(-6.08)
Ind, Year	Yes	Yes	
Obs.	9142	9142	9142
Adj-R^2		0.435	0.460

6.4.3 Heckman 两阶段模型

本书同时采用 Heckman 两阶段模型来缓解可能存在的自选择内生性问题。在第一阶段，借鉴在两阶段工具变量法（2SLS）时使用的公司是否设置 ESG/CSR 相关委员会（*Committee*）作为工具变量放入回归，在第二阶段，将第一阶段估计的逆米尔斯比率（*IMR*）加入模型中重新进行估计，检验结果如表 6-9 第（3）列所示。结果显示，逆米尔斯比率（*IMR*）的回归系数为 10.288，且与 *SRET* 在 1% 的水平上显著，模型的确存在自选择问题，*ESG* 拟合值与 *SRET* 在 5% 的水平上显著为正，表明在考虑了自选择问题后，本书的结论依然成立。

6.4.4 其他稳健性检验

第一，改变基准回归模型的检验。本书基准回归中采用混合

OLS模型和控制公司个体和年份的双向固定效应模型进行检验，为检验回归结果的稳定性，此处采用控制公司个体和年份随机效应模型进行稳健性检验。表6-10回归结果显示，*ESG*和*SRET*的相关关系在1%水平上显著为正，分项评级指标（*EESG*、*GESG*）和*SRET*呈现显著相关关系，*SESG*和*SRET*关系为正但不显著（*t*值为1.515）。总体上证明了公司较好的ESG履责以及环境履责会增加其股票累计收益率，以上结果与本书主要研究结论基本一致。

表6-10　稳健性检验：改变基准回归模型

变量	(1) *SRET*	(2) *SRET*	(3) *SRET*	(4) *SRET*
ESG	0.003***			
	(3.889)			
EESG		0.002***		
		(3.836)		
SESG			0.001	
			(1.515)	
GESG				0.003***
				(3.469)
Age	-0.000	-0.000	-0.000	-0.000
	(-0.225)	(-0.472)	(-0.347)	(-0.338)
Level	-0.006	-0.000	-0.007	-0.010
	(-0.293)	(-0.017)	(-0.300)	(-0.472)
ROE	0.006***	0.006***	0.006***	0.006***
	(17.711)	(15.937)	(17.301)	(17.730)
Top	0.041	0.047	0.044	0.042
	(1.478)	(1.439)	(1.567)	(1.492)
Gro	0.161***	0.162***	0.161***	0.161***
	(11.768)	(10.367)	(11.576)	(11.779)

续表

变量	(1) *SRET*	(2) *SRET*	(3) *SRET*	(4) *SRET*
Size	0.017 ***	0.019 ***	0.020 ***	0.019 ***
	(4.609)	(4.169)	(5.258)	(5.074)
Sdret	24.642 ***	24.176 ***	24.374 ***	24.662 ***
	(32.421)	(28.909)	(31.812)	(32.372)
Lnprice	0.024 ***	0.023 ***	0.028 ***	0.025 ***
	(3.427)	(2.965)	(3.989)	(3.638)
Holders	-0.017 ***	-0.016 **	-0.013 **	-0.016 ***
	(-2.925)	(-2.346)	(-2.228)	(-2.781)
constant	-1.054 ***	-1.041 ***	-1.081 ***	-1.162 ***
	(-14.239)	(-12.075)	(-14.382)	(-15.067)
Firm, Year RE	Yes	Yes	Yes	Yes
Obs.	9142	7764	8943	9142

第二，改变 ESG 的度量方法。本书主要采用彭博数据库对企业 ESG 综合评分和分项评分进行检验，样本区间为 2011—2020 年。考虑不同评级机构对企业 ESG 的评价差异，应适当纳入其他评级机构的评价结果进行稳健性检验。商道融绿（Syn Tao Green Finance）自 2015 年以来，开始对 A 股沪深 300 上市公司 ESG 信息进行量化评估，形成可供投资者参考的可持续发展绩效分数，因此文章进一步纳入商道融绿对公司 ESG 履责的综合评分（*ESGESG*）及分项评分（*EESG*、*SESG*、*GESG*）进行检验。根据 ESG 的替代变量分别基于 OLS 模型和固定效应模型进行回归见表 6-11，结果显示，*ESG* 综合指标和分项指标均与 *SRET* 在 1%、5% 或 10% 水平上显著正相关，即更好的 ESG 履责能得到市场认可，促进股票收益率提升，佐证了本书的研究结论。

表 6-11 稳健性检验：替换解释变量

变量	(1)	(2)	(3)	(4)	(5)	(6)	(7)	(8)
	SRET	*SRET*	*SRET*	*SRET*	*SRET*	*SRET*	*SRET*	*SRET*
ESG	0.006**				0.013***			
	(2.500)				(2.951)			
EESG		0.003*				0.005*		
		(1.750)				(1.732)		
SESG			0.004*				0.007*	
			(1.951)				(1.898)	
GESG				0.004**				0.009***
				(2.217)				(3.051)
Age	-0.001	-0.001	-0.001	-0.001	0.073	0.055	0.065	0.064
	(-0.498)	(-0.450)	(-0.335)	(-0.493)	(0.956)	(0.717)	(0.849)	(0.843)
Level	-0.107	-0.100	-0.107	-0.105	0.216	0.229	0.252	0.191
	(-1.390)	(-1.291)	(-1.388)	(-1.363)	(0.925)	(0.979)	(1.076)	(0.816)
ROE	0.009***	0.009***	0.009***	0.010***	0.009***	0.009***	0.009***	0.009***
	(6.158)	(6.140)	(6.086)	(6.177)	(4.739)	(4.719)	(4.709)	(4.550)
Top	-0.046	-0.037	-0.029	-0.038	-0.729**	-0.743**	-0.682*	-0.731**
	(-0.505)	(-0.405)	(-0.319)	(-0.420)	(-1.983)	(-2.012)	(-1.847)	(-1.988)

续表

变量	(1)	(2)	(3)	(4)	(5)	(6)	(7)	(8)
	SRET	SRET	SRET	SRET	SRET	SRET	SRET	SRET
Gro	0.253***	0.250***	0.254***	0.249***	0.229***	0.221***	0.224***	0.224***
	(4.407)	(4.361)	(4.409)	(4.328)	(3.956)	(3.805)	(3.854)	(3.870)
Size	0.042***	0.042***	0.045***	0.042***	0.027	0.026	0.029	0.037
	(3.367)	(3.343)	(3.632)	(3.376)	(0.539)	(0.526)	(0.587)	(0.736)
Sdret	24.648***	24.685***	24.481***	24.851***	39.387***	39.331***	39.434***	40.437***
	(8.223)	(8.243)	(8.141)	(8.319)	(11.215)	(11.143)	(11.188)	(11.497)
Lnprice	0.066***	0.065***	0.071***	0.070***	0.100*	0.103**	0.102**	0.107**
	(3.227)	(3.148)	(3.514)	(3.429)	(1.931)	(1.980)	(1.968)	(2.076)
Holders	-0.018	-0.020	-0.014	-0.012	-0.303***	-0.304***	-0.296***	-0.298***
	(-0.949)	(-0.986)	(-0.716)	(-0.610)	(-6.887)	(-6.858)	(-6.703)	(-6.765)
constant	-1.136***	-0.963***	-1.162***	-1.098***	0.195	1.041	0.512	0.468
	(-3.572)	(-3.074)	(-3.607)	(-3.380)	(0.104)	(0.563)	(0.272)	(0.252)
Firm, Year FE	Yes	Yes	Yes	Yes	Yes	Yes	Yes	Yes
Obs.	1141	1141	1141	1141	1141	1141	1141	1141
Adj-R^2	0.486	0.485	0.485	0.485	0.286	0.280	0.281	0.286

第三，改变累计收益率的度量方法。本书主要考察公司ESG履责的有效性，以年累计收益率为被解释变量进行检验。除此之外，股票累计超额收益率反映了相比整个市场内其他公司股票的超额收益情况，也能体现市场认同度、企业价值表现。因此，此部分以A股市场为基准收益率，计算股票年累计超额收益率（*CAR*）作为被解释变量进一步分析。替换被解释变量后，基于控制行业和年份的混合OLS模型以及控制公司个体和年份的双向固定效应模型进行检验，结果如表6－12所示。结果显示，*ESG*和*CAR*的相关关系在1%水平上显著为正，分项评级指标（*EESG*、*SESG*、*GESG*）和*CAR*在1%、5%、10%水平上显著为正，证实了企业ESG履责能给公司股票带来超额收益，佐证了本书研究结论。

6.5　基于异质性投资者认同度的作用机制分析

前文回归结果证实ESG履责可在一定程度上促使股票收益率提升，基于利益相关者的理论分析显示，一方面，负责任的投资者更有可能将ESG问题纳入其投资过程（Gibson et al.，2020[53]），即专业市场参与者更有可能倾向于持有ESG履责较好的公司股票，进而有利于股票市场表现；另一方面，部分非专业利益相关者考虑ESG投资成本可能会损害投资者利益，进而对企业ESG表现不敏感或有负向情绪。此部分借鉴Marshall等（2022）[167]的部分研究思路，拟根据不同利益相关者，区分机构投资者和市场情绪，以及独立和主动机构投资者和非独立和被动机构投资者，分别检验ESG履责是否通过ESG吸引假说或机构投资者异质性假说进而发挥作用。

根据Baron和Kenny（1986）[282]、温忠麟和叶宝娟（2014）[222]，构建中介效应模型（6.2）、模型（6.3）如下：

表 6-12　稳健性检验：替换被解释变量

变量	(1) CAR	(2) CAR	(3) CAR	(4) CAR	(5) CAR	(6) CAR	(7) CAR	(8) CAR
ESG	0.003***				0.003***			
	(4.605)				(3.004)			
EESG		0.002***				0.002***		
		(4.159)				(2.617)		
SESG			0.001**				0.001*	
			(2.309)				(1.875)	
GESG				0.003***				-0.000
				(4.192)				(-0.137)
Age	-0.000	-0.000	0.000	-0.000	-0.002	0.002	-0.000	-0.002
	(-0.055)	(-0.149)	(0.081)	(-0.109)	(-0.148)	(0.126)	(-0.027)	(-0.174)
Level	-0.009	-0.008	-0.006	-0.012	0.060	0.046	0.051	0.058
	(-0.440)	(-0.373)	(-0.296)	(-0.570)	(1.534)	(1.043)	(1.263)	(1.467)
ROE	0.005***	0.005***	0.005***	0.005***	0.004***	0.004***	0.004***	0.004***
	(14.800)	(13.740)	(14.594)	(14.869)	(12.926)	(11.669)	(12.406)	(12.931)
Top	0.006	0.011	0.013	0.010	-0.165***	-0.128**	-0.158***	-0.154***
	(0.258)	(0.417)	(0.506)	(0.417)	(-3.029)	(-2.122)	(-2.858)	(-2.828)

续表

变量	(1) CAR	(2) CAR	(3) CAR	(4) CAR	(5) CAR	(6) CAR	(7) CAR	(8) CAR
Gro	0. 139 ***	0. 147 ***	0. 138 ***	0. 139 ***	0. 133 ***	0. 144 ***	0. 133 ***	0. 132 ***
	(10. 431)	(9. 864)	(10. 167)	(10. 426)	(10. 806)	(10. 180)	(10. 612)	(10. 733)
Size	0. 022 ***	0. 023 ***	0. 023 ***	0. 023 ***	0. 004	0. 009	0. 007	0. 005
	(6. 394)	(6. 101)	(6. 837)	(6. 680)	(0. 480)	(0. 944)	(0. 801)	(0. 644)
Sdret	26. 078 ***	24. 675 ***	25. 864 ***	26. 057 ***	33. 351 ***	32. 447 ***	33. 244 ***	33. 287 ***
	(32. 861)	(28. 918)	(32. 439)	(32. 694)	(42. 557)	(38. 149)	(41. 983)	(42. 449)
Lnprice	0. 006	0. 009	0. 011	0. 008	-0. 038 ***	-0. 050 ***	-0. 033 ***	-0. 034 ***
	(0. 987)	(1. 238)	(1. 632)	(1. 189)	(-3. 640)	(-4. 386)	(-3. 165)	(-3. 302)
Holders	-0. 028 ***	-0. 021 ***	-0. 023 ***	-0. 026 ***	-0. 141 ***	-0. 132 ***	-0. 139 ***	-0. 138 ***
	(-5. 107)	(-3. 639)	(-4. 305)	(-4. 875)	(-14. 794)	(-12. 205)	(-14. 243)	(-14. 535)
Ind，Year	Yes	Yes	Yes	Yes				
constant	-0. 722 ***	-0. 763 ***	-0. 762 ***	-0. 834 ***	0. 688 ***	0. 572 **	0. 647 **	0. 695 ***
	(-9. 714)	(-9. 306)	(-10. 137)	(-10. 921)	(2. 794)	(2. 013)	(2. 551)	(2. 759)
Firm，Year FE					Yes	Yes	Yes	Yes
Obs.	9142	7764	8943	9142	9142	7764	8943	9142
Adj - R^2	0. 341	0. 313	0. 341	0. 340	0. 262	0. 219	0. 259	0. 261

$$Channel_{i,t} = \alpha + \boldsymbol{a}\, ESGscore_{i,t} + \gamma\, Controls_{i,t} + \sum Ind_i + \sum Year_t + e_{i.t} \quad (6.2)$$

$$SRET_{i,t} = \alpha + \boldsymbol{c'}\, ESGscore_{i,t} + \boldsymbol{b}\, Channel_{i,t} + \gamma\, Controls_{i,t} + \sum Ind_i + \sum Year_t + e_{i.t} \quad (6.3)$$

在模型（6.2）和模型（6.3）中，$Channel_{i,t}$分别表示股票 i 在 t 年的不同类型机构投资者持股（家数/比例）或市场投资者短期情绪作用机制。根据中介效应常用的逐步检验回归系数方法（以下简称“逐步法”），在基准回归结果基础上（见表 6-3），若模型（6.2）中 a 系数显著，同时模型（6.3）中 b 系数也显著，则认为该作用机制发挥了显著中介效应，根据江艇（2022）[224]，完全中介或部分中介并非有价值的结论，故在此仅做中介效应是否显著的探讨。

6.5.1 ESG 履责吸引假说

在总体上，本书考虑 ESG 履责是否通过吸引更多专业机构投资者而非市场投资者情绪关注，进而促进股票累计收益率增长，即 ESG 履责吸引假说。主要选取增持或新进的机构投资者家数（*InHolderNum*，*NHolderNum*）衡量机构投资者关注，选取投资者短期情绪波动（*Sent*）衡量投资者短期情绪关注。数据主要来源于 CSMAR 数据库，投资者短期情绪指标度量如下：

投资者短期情绪波动（*Sent*）借鉴 Aboody 等（2018）[283]的做法，采用隔夜股票收益率作为代理变量，具体为：

$$Sent_{i,d} = (O_{i,d} - C_{i,d-1}) / C_{i.d-1} \quad (6.4)$$

式（6-4）中，$O_{i,d}$是股票 i 在 d 日的开盘价，$C_{i,d-1}$是股票 i 在 $d-1$ 日的收盘价，为使价格可比，所有开盘价和收盘价根据股票分割、股票股利和现金股利进行调整。股票 i 在 t 年的隔夜股票收益率为：$Sent_{i,t} = \overline{Sent_{i,d}} \times N$，$\overline{Sent_{i,d}}$为股票 i 在第 t 年日隔夜收益率的平均值，N 为年交易天数，$Sent_{i,t}$ 即为股票 i 在 t 年的个股投资者情绪，该方法体现出市场参与者对股票的短期情绪波动，在一定程度上可衡量短期投资者对股票的关注。

根据前文理论分析，企业进行 ESG 履责会吸引更多机构投资者关注，因此预期 ESG 综合评分会吸引更多机构投资者增持或进入，进而影响股票累计收益。以 *InHolderNum* 和 *NHolderNum* 为中介变量的检验结果见表6－13第（1）～第（4）列，前文表6－3回归结果证明，*ESG* 与 *SRET* 显著为正，表6－13第（1）、第（3）列结果显示，*ESG* 与 *InHolderNum*、*NHolderNum* 在1%水平上显著为正，第（2）、第（4）列中 *InHolderNum*、*NHolderNum* 与 *SRET* 均在1%水平上显著正相关，所以企业 ESG 履责会吸引更多机构投资者增持或进入，进而增加了股票累计收益率；结合前文理论分析，企业进行 ESG 履责可能不会引起短期投资者的情绪波动，因此预期 ESG 综合评分可能无法通过短期投资者情绪波动（*Sent*）而影响股票累计收益率。表6－13第（5）、第（6）列结果显示，*ESG* 和 *Sent* 关系均未通过显著性检验，第（6）列中 *Sent* 和 *SRET* 在1%水平上显著正相关，检验结果显示短期投资者情绪未发挥显著中介效应。

根据逐步法回归结果，机构投资者关注发挥了显著中介效应，证实了企业 ESG 履责确实吸引机构投资者增持或进入，进而得到市场认同，获得较好的收益率；但短期投资者情绪未发挥显著中介效应，即企业 ESG 履责未通过引起投资者短期情绪关注这一机制，而影响股票累计收益率。以上结果证实了 ESG 履责吸引假说，佐证了假设6.2。

6.5.2　机构投资者异质性假说

在 ESC 履责吸引假说基础上，Marshall 等（2022）[167] 从法律渊源角度考察了不同投资风格金融机构对履行法定社会责任企业的投资差异，本书主要从机构投资者与公司的关系选择独立或非独立型机构投资者以及主动或被动型机构投资者持股比例，来检验 ESG 履责是否通过异质性机构投资者持股进而提升股票收益，即机构投资者异质性假说。

根据机构投资者与公司之间的关系，参考李安泰等（2022）[279]将机构投资者划分为独立或非独立型机构投资者，分别计算其持股比例合计（*Indepinst*、*Depinst*），划分依据为将基金、社保基金、合格境外投资者（QFII）视为独立型机构投资者，将券商、信托、银行、保险、财务公司以及非金融类上市公司持股视为非独立型机构投资者。考虑境外机构投资者对 ESG 尤为关注，同时考察 ESG 履责是否通过境外机构投资者持股进而提升股票收益，检验外资持股比例（*Foreigninst*）这一作用机制。

根据前文理论分析，企业进行 ESG 履责会吸引更多独立型或境外机构投资者关注，因此预期 ESG 综合评分会吸引更多独立和境外机构投资者增持或进入，进而影响股票累计收益，但因非独立型机构投资者投资行为会受与公司的商业或利益关系影响，可能不是重要的作用机制。以 *Indepinst*、*Depinst*、*Foreigninst* 为中介变量的检验结果见表 6－14，前文表 6－3 回归结果证明，*ESG* 和 *SRET* 显著为正，表 6－14 第（1）、第（5）列结果显示，*ESG* 与 *Indepinst*、*Foreigninst* 在 1% 水平上显著为正，第（2）、第（6）列中 *Indepinst*、*Foreigninst* 与 *SRET* 均在 1% 水平上显著正相关，所以企业 ESG 履责会吸引更多独立机构投资者或外资持股，进而增加了股票累计收益率；结合前文理论分析，企业进行 ESG 履责可能不会吸引非独立机构投资者持股，因此预期 ESG 综合评分可能无法通过非独立机构投资者持股（*Depinst*）而影响股票累计收益率。表 6－14 第（3）、第（4）列结果显示，*ESG* 和 *Depinst* 关系均未通过显著性检验，且第（4）列中 *Depinst* 和 *SRET* 亦不存在显著相关关系，检验结果显示非独立型机构投资者持股未发挥显著中介效应。

表6-13　ESG履责吸引假说：机构投资者认同或投资者短期情绪作用机制检验

变量	(1) *InHolderNum*	(2) *SRET*	(3) *NHolderNum*	(4) *SRET*	(5) *Sent*	(6) *SRET*
ESG	0.142***	0.001	2.946***	-0.001	0.001	0.004***
	(7.445)	(0.410)	(17.756)	(-0.981)	(1.399)	(3.281)
InHolderNum		0.020***				
		(18.689)				
NHolderNum				0.002***		
				(23.693)		
Sent						0.268***
						(20.097)
Age	-0.034	0.004	0.559	0.003	-0.018	0.010
	(-0.113)	(0.159)	(0.252)	(0.204)	(-1.278)	(0.571)
Level	2.946***	0.045	-0.835	0.079*	0.161***	0.016
	(3.517)	(0.693)	(-0.134)	(1.673)	(4.099)	(0.346)
ROE	0.016**	0.005***	0.113**	0.005***	0.003***	0.004***
	(2.050)	(8.703)	(2.129)	(12.120)	(8.782)	(9.559)
Top	-6.404***	-0.030	-36.044***	-0.087	-0.120**	-0.126*
	(-5.670)	(-0.344)	(-4.207)	(-1.341)	(-2.212)	(-1.943)

续表

变量	(1) InHolderNum	(2) SRET	(3) NHolderNum	(4) SRET	(5) Sent	(6) SRET
Gro	0.245	0.167 ***	0.486	0.145 ***	0.042 ***	0.135 ***
	(0.954)	(8.454)	(0.251)	(9.879)	(3.392)	(9.131)
Size	0.887 ***	-0.023 *	19.698 ***	-0.041 ***	0.039 ***	-0.009
	(5.159)	(-1.723)	(14.752)	(-3.975)	(4.586)	(-0.864)
Sdret	50.730 ***	37.982 ***	-161.617	34.996 ***	2.552 ***	32.261 ***
	(3.075)	(29.971)	(-1.293)	(37.017)	(3.255)	(34.384)
Lnprice	4.363 ***	-0.134 ***	61.013 ***	-0.143 ***	-0.059 ***	0.013
	(21.689)	(-8.316)	(37.340)	(-10.680)	(-5.735)	(1.064)
Holders	0.193	-0.180 ***	15.296 ***	-0.176 ***	0.009	-0.138 ***
	(1.078)	(-13.071)	(10.174)	(-15.334)	(0.963)	(-12.048)
constant	-18.496 ***	1.080 ***	-489.110 ***	1.304 ***	-0.579 **	0.358
	(-3.577)	(2.717)	(-12.699)	(4.431)	(-2.350)	(1.216)
Firm, Year FE	Yes	Yes	Yes	Yes	Yes	Yes
Obs.	6025	6025	9052	9052	9142	9142
Adj - R^2	0.032	0.405	0.316	0.442	0.129	0.424

表 6-14　机构投资者异质性假说：是否独立型或境外机构投资者作用机制检验

变量	(1) *Indepinst*	(2) *SRET*	(3) *Depinst*	(4) *SRET*	(5) *Foreigninst*	(6) *SRET*
ESG	0.000**	0.004***	-0.000	0.005***	0.069***	0.004***
	(2.525)	(3.026)	(-0.216)	(3.487)	(4.777)	(3.180)
Indepinst		1.796***				
		(19.050)				
Depinst				-0.062		
				(-0.441)		
Foreigninst						0.004***
						(4.332)
Age	0.005**	-0.006	0.002*	0.002	-0.449**	0.004
	(2.276)	(-0.354)	(1.669)	(0.138)	(-2.328)	(0.214)
Level	0.005	0.045	-0.013***	0.054	1.519***	0.051
	(0.969)	(0.957)	(-3.307)	(1.122)	(2.856)	(1.060)
ROE	0.000***	0.004***	-0.000***	0.005***	-0.003	0.005***
	(5.124)	(10.211)	(-6.886)	(11.006)	(-0.731)	(11.328)
Top	-0.124***	0.060	0.087***	-0.158**	6.553***	-0.190***
	(-15.945)	(0.905)	(16.227)	(-2.319)	(8.881)	(-2.840)

续表

变量	(1)	(2)	(3)	(4)	(5)	(6)
	Indepinst	*SRET*	*Depinst*	*SRET*	*Foreigninst*	*SRET*
Gro	0. 006 ***	0. 134 ***	0. 001	0. 144 ***	-0. 237	0. 149 ***
	(3. 131)	(9. 009)	(0. 569)	(9. 473)	(-1. 411)	(9. 877)
Size	0. 009 ***	-0. 015	0. 000	0. 000	-0. 200 *	0. 002
	(6. 964)	(-1. 443)	(0. 158)	(0. 043)	(-1. 720)	(0. 192)
Sdret	1. 001 ***	32. 120 ***	-0. 603 ***	33. 881 ***	-19. 792 *	33. 127 ***
	(8. 816)	(33. 547)	(-7. 705)	(34. 642)	(-1. 859)	(34. 519)
Lnprice	0. 021 ***	-0. 046 ***	0. 003 ***	-0. 008	0. 748 ***	-0. 007
	(14. 264)	(-3. 638)	(3. 066)	(-0. 602)	(5. 343)	(-0. 554)
Holders	-0. 044 ***	-0. 058 ***	-0. 000	-0. 138 ***	0. 872 ***	-0. 140 ***
	(-32. 318)	(-4. 720)	(-0. 070)	(-11. 673)	(6. 710)	(-11. 901)
constant	0. 399 ***	-0. 445	-0. 063 ***	0. 268	-6. 306 *	0. 291
	(11. 349)	(-1. 496)	(-2. 592)	(0. 887)	(-1. 887)	(0. 968)
Firm, Year FE	Yes	Yes	Yes	Yes	Yes	Yes
Obs.	9019	9019	9019	9019	9120	9120
Adj - R^2	0. 154	0. 423	-0. 012	0. 397	-0. 092	0. 397

以上结果显示，独立型机构投资者和外资持股确实发挥了显著中介效应，证实企业ESG履责会吸引独立型机构投资者和外资持股，进而促进股票收益提升，即与公司无明显商业关系的投资者更能识别公司ESG履责的行为和效果，通过持有相应公司股票可发挥积极作用；但非独立机构投资者则未通过显著性检验，企业ESG履责未通过吸引非独立机构投资持股而影响股票收益。以上结果证实了机构投资者异质性假说，佐证了假设6.3。

6.6 基于“宏观—中观—微观”多维视角的异质性检验

机制检验结果显示，ESG履责可吸引更多机构投资者，尤其独立型机构投资者和外资关注，从而促进股票收益提升。部分研究发现当公司遭受危机或处于低信任期时，较好的ESG表现会带来更高的经营业绩和股票收益（Lins et al.，2017[55]），Huang等(2018)[257]也证实面临气候风险冲击时，在环境问题上较为负责的公司会获得更好的股票收益。因为当外部环境不确定性增加时，投资者对公司的信任度普遍降低，会更重视公司的基本表现，基本面较好或可持续性强的公司预计能有效消除外界环境带来的风险动荡(Pástor and Vorsatz，2020[62])，而企业ESG投资策略能直接体现其基本面信息和可持续性（Pedersen et al.，2021[36]），所以当公司外部环境投资者为降低他们在市场中可能面临的投资风险，会对企业ESG投资更加敏感。以上研究显示当公司外部环境冲击、企业自身属性均可能会影响机构投资者持股行为和ESG履责效果，因此当影响企业ESG履责或机构投资者行为的因素出现时，本书的主要回归结果可能出现显著差异。此处分别纳入区域气候环境因素、行业污染属性以及企业产权性质和环境信息披露方式进一步分析。

6.6.1 区域气候环境因素

（1）气候风险冲击

近年来，机构投资者越来越重视将气候风险因素纳入其投资过程，气候风险会对其投资组合公司带来财务风险或监管风险（Krueger et al.，2020[146]）。尤其当区域遭遇极端气候风险冲击时，企业正常生产经营和有形资产可能遭受破坏，或者出现停工停产等较大经营风险，在此影响下，机构投资者受气候变化冲击可能降低对公司的信任度，而公司较好的ESG履责能在一定程度上消除气候风险冲击，故其对股票收益的积极影响也会更加显著。

为此，手工搜集应急管理部公布的2011—2020年中国发生的年前十大自然灾害事件，灾害类别涉及：洪涝、风雹、地震、台风、旱灾、山体滑坡或泥石流以及雪灾，通过百度百科、应急管理部官网等渠道，手工整理补充该自然灾害事件影响省份，根据公司所在省份在该年是否发生前十大自然灾害，将研究样本划分为遭受气候风险组和未遭受气候风险组，分组检验结果见表6-15。表6-15第（1）~第（2）列结果显示，当公司所在省份遭遇气候风险冲击时，ESG综合评分及环境分项评分与股票*SRET*在1%水平上显著正相关（对应t值分别为3.088、2.841），而在第（5）~第（6）列未遭受气候风险冲击组，以上关系在5%或10%水平上显著为正但相比之下显著弱化（对应t值分别为2.169、1.720）。第（3）、第（7）列中社会责任分项评分显示在未发生气候风险时，企业进行ESG履责其积极效应更为显著（对应t值为1.863），原因可能是ESG和环境履责主要突出公司绿色、环保等环境相关行为，故其对气候风险的避险作用较为显著，但当发生气候风险时，社会责任履责可能会增加公司额外的资金负担，所以其积极效应相比之下更弱。

表6－15　异质性分析：区域气候风险冲击

变量	遭受气候风险组				未遭受气候风险组			
	(1)	(2)	(3)	(4)	(5)	(6)	(7)	(8)
	SRET	*SRET*	*SRET*	*SRET*	*SRET*	*SRET*	*SRET*	*SRET*
ESG	0.005***				0.007**			
	(3.088)				(2.169)			
EESG		0.004***				0.005*		
		(2.841)				(1.720)		
SESG			0.001				0.004*	
			(1.403)				(1.863)	
GESG				−0.001				−0.000
				(−0.636)				(−0.111)
Age	0.008	0.012	0.005	0.007	−0.014	−0.017	−0.010	−0.009
	(0.409)	(0.478)	(0.253)	(0.327)	(−0.355)	(−0.444)	(−0.263)	(−0.237)
Level	0.102*	0.088	0.078	0.093	−0.039	−0.060	−0.021	−0.039
	(1.807)	(1.386)	(1.344)	(1.641)	(−0.351)	(−0.499)	(−0.189)	(−0.354)
ROE	0.005***	0.005***	0.005***	0.005***	0.004***	0.004***	0.004***	0.004***
	(10.728)	(9.901)	(10.341)	(10.641)	(4.144)	(3.720)	(3.849)	(4.256)
Top	−0.135*	−0.094	−0.126	−0.115	−0.186	−0.145	−0.203	−0.163
	(−1.776)	(−1.120)	(−1.611)	(−1.505)	(−1.133)	(−0.798)	(−1.222)	(−0.989)

续表

变量	遭受气候风险组				未遭受气候风险组			
	(1)	(2)	(3)	(4)	(5)	(6)	(7)	(8)
	SRET	*SRET*	*SRET*	*SRET*	*SRET*	*SRET*	*SRET*	*SRET*
Gro	0.142***	0.141***	0.142***	0.141***	0.156***	0.159***	0.157***	0.152***
	(7.855)	(6.809)	(7.684)	(7.788)	(4.548)	(4.265)	(4.580)	(4.434)
Size	-0.006	-0.006	-0.002	-0.003	0.020	0.063**	0.029	0.021
	(-0.499)	(-0.421)	(-0.193)	(-0.278)	(0.838)	(2.342)	(1.180)	(0.876)
Sdret	32.113***	30.349***	32.012***	31.967***	33.620***	32.297***	33.183***	33.651***
	(27.963)	(24.366)	(27.386)	(27.814)	(15.624)	(14.108)	(15.374)	(15.612)
Lnprice	-0.003	-0.013	0.002	0.003	0.007	-0.017	0.019	0.013
	(-0.176)	(-0.803)	(0.155)	(0.240)	(0.244)	(-0.517)	(0.643)	(0.439)
Holders	-0.132***	-0.111***	-0.126***	-0.127***	-0.118***	-0.110***	-0.127***	-0.112***
	(-9.804)	(-7.308)	(-9.148)	(-9.498)	(-4.019)	(-3.372)	(-4.258)	(-3.822)
constant	0.149	-0.013	0.168	0.209	0.156	-0.059	0.158	0.123
	(0.427)	(-0.030)	(0.462)	(0.586)	(0.227)	(-0.085)	(0.229)	(0.175)
Firm, Year FE	Yes	Yes	Yes	Yes	Yes	Yes	Yes	Yes
Obs.	6825	5768	6653	6825	2317	1996	2290	2317
Adj - R^2	0.379	0.348	0.370	0.378	0.186	0.179	0.184	0.183

总体上，ESG 或环境履责较好的公司，在面临气候风险冲击时其能消除气候环境变化带来的风险动荡，降低机构投资者投资风险，ESG 履责发挥了一定抵御气候风险和避险功能。

（2）区域碳排放

环保政策及“双碳”目标的提出意味着绿色发展已是大势所趋，因此为在不牺牲经济发展下实现减碳减排目标，各区域需根据碳排放情况进而采用不同的环境监管政策。已有研究指出，专业的机构投资者在投资决策中纳入 ESG 标准更能获益，其主要原因在于 ESG 标准可应对气候因素引起的潜在监管风险及资产价格大幅变动风险（Jagannathan et al.，2018[57]），即 ESG 履责可以发挥应对潜在监管风险的作用，当区域碳排放程度较高时，域内公司可能面临较为严格的环境监管风险，机构投资者会偏好 ESG 履责较好公司股票，ESG 对股票收益的积极影响也更加显著。

为此本书根据各省份年二氧化碳排放均值分组，将大于均值组设置为高碳排放区域，小于均值组设置为低碳排放区域，分组检验结果见表 6－16。表 6－16 第（1）、第（2）列结果显示当公司所在省份为高碳排放区域时，ESG 综合评分及环境分项评分与股票 *SRET* 在 1% 水平上显著正相关（对应 t 值分别为 3.135、2.696），而在第（5）～第（6）列低碳排放区域组，以上关系 10% 水平上显著为正或不显著，相比之下显著弱化（对应 t 值分别为 1.938、1.442）。社会责任和公司治理分项评分在分组检验下未通过显著性检验，原因可能是 ESG 和环境履责在应对碳排放相关监管风险时其作用更为突出。

总体上，ESG 或环境履责较好的公司，在较高碳排放压力下能在一定程度上应对监管风险，机构投资者将其纳入投资组合更能获益，ESG 履责发挥了抵御气候相关监管风险功能。

表 6-16 异质性分析：区域碳排放

变量	高碳排放区域				低碳排放区域			
	(1)	(2)	(3)	(4)	(5)	(6)	(7)	(8)
	SRET	*SRET*	*SRET*	*SRET*	*SRET*	*SRET*	*SRET*	*SRET*
ESG	0.005***				0.004*			
	(3.135)				(1.938)			
EESG		0.004***				0.002		
		(2.696)				(1.442)		
SESG			0.002				0.001	
			(1.629)				(1.124)	
GESG				0.001				-0.001
				(0.262)				(-0.344)
Age	-0.015	-0.033	-0.019	-0.017	0.016	0.010	0.016	0.019
	(-0.503)	(-0.883)	(-0.627)	(-0.577)	(0.708)	(0.455)	(0.717)	(0.829)
Level	0.101	0.085	0.087	0.097	0.013	-0.006	-0.002	0.013
	(1.447)	(1.076)	(1.211)	(1.383)	(0.191)	(-0.074)	(-0.025)	(0.184)
ROE	0.005***	0.005***	0.005***	0.005***	0.005***	0.004***	0.004***	0.005***
	(7.879)	(7.795)	(7.614)	(7.891)	(7.544)	(6.668)	(7.123)	(7.570)
Top	-0.002**	-0.001	-0.002**	-0.002**	-0.001	-0.001	-0.002	-0.001
	(-2.365)	(-1.377)	(-2.055)	(-2.124)	(-1.359)	(-0.785)	(-1.441)	(-1.272)

续表

变量	高碳排放区域				低碳排放区域			
	(1)	(2)	(3)	(4)	(5)	(6)	(7)	(8)
	SRET	*SRET*	*SRET*	*SRET*	*SRET*	*SRET*	*SRET*	*SRET*
Gro	0. 207 ***	0. 205 ***	0. 205 ***	0. 205 ***	0. 109 ***	0. 120 ***	0. 112 ***	0. 108 ***
	(8. 950)	(7. 877)	(8. 644)	(8. 885)	(4. 901)	(4. 826)	(5. 000)	(4. 836)
Size	0. 005	0. 001	0. 003	0. 008	-0. 002	0. 018	0. 009	-0. 000
	(0. 319)	(0. 058)	(0. 186)	(0. 495)	(-0. 117)	(1. 178)	(0. 666)	(-0. 012)
Sdret	32. 782 ***	30. 700 ***	32. 691 ***	32. 641 ***	32. 027 ***	31. 547 ***	31. 667 ***	31. 978 ***
	(24. 280)	(21. 210)	(23. 811)	(24. 155)	(22. 876)	(21. 080)	(22. 460)	(22. 821)
Lnprice	-0. 008	-0. 023	-0. 006	-0. 001	0. 005	-0. 009	0. 016	0. 009
	(-0. 451)	(-1. 217)	(-0. 356)	(-0. 060)	(0. 252)	(-0. 418)	(0. 808)	(0. 449)
Holders	-0. 155 ***	-0. 126 ***	-0. 150 ***	-0. 148 ***	-0. 115 ***	-0. 107 ***	-0. 116 ***	-0. 113 ***
	(-9. 554)	(-7. 083)	(-8. 992)	(-9. 203)	(-6. 447)	(-5. 202)	(-6. 343)	(-6. 321)
constant	0. 673	0. 819	0. 780	0. 648	-0. 097	-0. 178	-0. 154	-0. 091
	(1. 372)	(1. 331)	(1. 508)	(1. 297)	(-0. 237)	(-0. 401)	(-0. 370)	(-0. 219)
Firm, Year FE	Yes	Yes	Yes	Yes	Yes	Yes	Yes	Yes
Obs.	4966	4253	4844	4966	4176	3511	4099	4176
Adj - R^2	0. 391	0. 357	0. 380	0. 390	0. 380	0. 374	0. 379	0. 379

6.6.2 行业污染属性

已有研究指出，投资者对碳密集型行业企业会要求更高的回报，以补偿碳风险（Bolton and Kacperczyk，2021[260]），碳排放量较高的企业表现出更多的尾部风险和方差风险（Ilhan et al.，2021[3]），因为绿色资产可以对冲气候风险，投资者也偏好绿色投资并将实际投资转向绿色企业（Pástor et al.，2021[268]）。与区域碳排放不同的是，在高碳排区域机构投资者可以通过投资 ESG 表现好的企业以应对监管风险，但当公司处于高污染行业时，因为公司股票可能存在更多的市场风险，会增加机构投资者潜在投资风险，因此偏好绿色投资的机构投资者更加倾向于选择低污染行业。ESG 履责对股票收益的积极影响在低污染行业也会更加显著。

为此本书依照 2008 年环保部印发的《〈上市公司环保核查行业分类管理名录〉的通知》的相关规定确定重污染行业，根据公司所处行业污染属性将其划分为重污染行业组和轻污染行业组，分组检验结果见表6－17。表6－17 第（5）～第（7）列结果显示当公司为轻污染行业时，ESG 综合评分及环境、社会责任分项评分与股票 *SRET* 在 1% 或 5% 水平上显著正相关（对应 t 值分别为 3.720、3.808、2.176），而在第（1）～第（3）列重污染行业组，以上关系均不显著。以上结果证实了机构投资者会重视公司自身的污染属性，倾向于对绿色资产投资，ESG 履责在绿色企业中能发挥更大积极作用。

表6-17 异质性分析：行业污染属性

变量	重污染行业组				轻污染行业组			
	(1)	(2)	(3)	(4)	(5)	(6)	(7)	(8)
	SRET	*SRET*	*SRET*	*SRET*	*SRET*	*SRET*	*SRET*	*SRET*
ESG	0.001				0.006***			
	(0.265)				(3.720)			
EESG		0.000				0.005***		
		(0.051)				(3.808)		
SESG			0.000				0.002**	
			(0.126)				(2.176)	
GESG				-0.002				-0.001
				(-0.801)				(-0.279)
Age	-0.014	-0.017	-0.017	-0.016	-0.002	0.001	-0.001	0.000
	(-0.279)	(-0.340)	(-0.340)	(-0.322)	(-0.112)	(0.033)	(-0.074)	(0.007)
Level	0.077	0.113	0.078	0.072	0.034	-0.007	0.016	0.032
	(0.928)	(1.232)	(0.916)	(0.863)	(0.566)	(-0.098)	(0.270)	(0.541)
ROE	0.004***	0.004***	0.004***	0.004***	0.005***	0.005***	0.005***	0.005***
	(5.281)	(5.424)	(5.201)	(5.235)	(9.845)	(8.230)	(9.273)	(9.873)
Top	0.000	0.001	0.000	0.000	-0.002**	-0.002*	-0.002**	-0.002**
	(0.077)	(0.741)	(0.262)	(0.161)	(-2.356)	(-1.869)	(-2.270)	(-2.035)

续表

变量	重污染行业组				轻污染行业组			
	(1)	(2)	(3)	(4)	(5)	(6)	(7)	(8)
	SRET	*SRET*	*SRET*	*SRET*	*SRET*	*SRET*	*SRET*	*SRET*
Gro	0.216 ***	0.241 ***	0.222 ***	0.216 ***	0.132 ***	0.125 ***	0.131 ***	0.131 ***
	(7.213)	(7.333)	(7.240)	(7.207)	(6.897)	(5.769)	(6.728)	(6.828)
Size	0.029	0.019	0.026	0.030	−0.002	0.008	0.006	−0.000
	(1.427)	(0.842)	(1.242)	(1.445)	(−0.151)	(0.571)	(0.508)	(−0.006)
Sdret	30.199 ***	29.236 ***	30.281 ***	30.170 ***	32.138 ***	30.617 ***	31.847 ***	32.001 ***
	(18.568)	(17.018)	(18.326)	(18.558)	(26.421)	(23.113)	(25.920)	(26.263)
Lnprice	0.004	0.001	0.005	0.006	0.012	−0.004	0.019	0.020
	(0.172)	(0.038)	(0.221)	(0.285)	(0.784)	(−0.238)	(1.219)	(1.288)
Holders	−0.087 ***	−0.062 **	−0.082 ***	−0.087 ***	−0.133 ***	−0.119 ***	−0.132 ***	−0.124 ***
	(−3.959)	(−2.539)	(−3.634)	(−3.969)	(−9.255)	(−7.363)	(−9.002)	(−8.730)
constant	−0.270	−0.427	−0.244	−0.144	0.299	0.191	0.272	0.246
	(−0.348)	(−0.542)	(−0.314)	(−0.184)	(0.895)	(0.485)	(0.791)	(0.721)
Firm, Year FE	Yes	Yes	Yes	Yes	Yes	Yes	Yes	Yes
Obs.	2852	2587	2794	2852	6285	5172	6144	6285
Adj − R^2	0.365	0.356	0.355	0.365	0.413	0.388	0.409	0.412

6.6.3 企业产权性质和环境信息披露方式

(1) 产权性质

ESG履责作为一个国家支持的公共责任，一般而言，国有企业的ESG绩效也会更好，但在已经存在强大关系网络的国有企业中，机构投资者（或合格境外机构投资者）进入继续推动企业履责的动机比较低，而在非国有企业中，可能机构投资者倾向于在目标企业现有基础上更有力地推动其履责（McGuinness et al., 2017[33]）。以上研究说明：一方面，国有企业本身承担较多政府社会责任，因此其ESG履责的增量效应可能有限；另一方面，机构投资者进入国有企业或非国有企业的动机存在差异，也即国有企业ESG履责可能更依赖于自身较为强大的资源基础，而非国有企业需要有更多的机构投资者进入促使其ESG履责愈加完善，机构投资者在非国有企业可能会发挥更大效应。因此本书预计非国有企业ESG履责会吸引更多机构投资者进入且发挥更大的积极效应。

为此本书依照企业产权性质将其划分为国有企业组和非国有企业组，分组检验结果见表6-18。表6-18第（5）~第（7）列结果显示当公司为非国有时，ESG综合评分及环境、社会责任分项评分与股票*SRET*在1%水平上显著正相关，而在第（1）~第（3）列国有企业组，以上关系均不显著。以上结果证实了机构投资者在非国有企业中能发挥更大作用，非国有企业进行ESG履责对其股票收益的促进效应更为显著。

(2) 环境信息披露方式

环境信息披露方式即为公司依托什么载体对外公布企业的环境信息，根据《上市公司环境信息披露指引》（上交所2008年发布）以及《上市公司环境信息披露指南》（意见征集稿）（2010年），上市公司可通过年报或社会责任报告披露或单独披露相关环境信息。由于公司年报需经过审计师审验，但仅有少数公司的社会责任

表6-18　异质性分析：企业产权性质

变量	国有企业组				非国有企业组			
	(1)	(2)	(3)	(4)	(5)	(6)	(7)	(8)
	SRET	*SRET*	*SRET*	*SRET*	*SRET*	*SRET*	*SRET*	*SRET*
ESG	0.002				0.008***			
	(1.159)				(4.113)			
EESG		0.000				0.007***		
		(0.284)				(4.285)		
SESG			0.000				0.004***	
			(0.476)				(2.721)	
GESG				0.000				-0.000
				(0.180)				(-0.160)
Age	0.003	-0.004	-0.004	0.003	0.011	0.009	0.017	0.011
	(0.148)	(-0.177)	(-0.215)	(0.165)	(0.328)	(0.236)	(0.523)	(0.346)
Level	0.059	-0.010	0.061	0.059	0.030	0.010	0.004	0.024
	(0.910)	(-0.138)	(0.925)	(0.908)	(0.425)	(0.128)	(0.060)	(0.348)
ROE	0.003***	0.003***	0.003***	0.003***	0.006***	0.006***	0.006***	0.006***
	(5.231)	(4.964)	(5.171)	(5.247)	(9.871)	(8.295)	(9.214)	(9.856)
Top	-0.000	-0.001	-0.000	-0.000	-0.002**	-0.002	-0.002**	-0.002*
	(-0.544)	(-0.679)	(-0.453)	(-0.513)	(-2.142)	(-1.642)	(-1.977)	(-1.742)

续表

变量	国有企业组				非国有企业组			
	(1)	(2)	(3)	(4)	(5)	(6)	(7)	(8)
	SRET	*SRET*	*SRET*	*SRET*	*SRET*	*SRET*	*SRET*	*SRET*
Gro	0.127***	0.152***	0.128***	0.127***	0.155***	0.155***	0.154***	0.152***
	(5.555)	(6.222)	(5.503)	(5.549)	(7.125)	(6.079)	(6.927)	(6.946)
Size	-0.001	0.008	0.001	-0.000	0.015	0.016	0.025	0.019
	(-0.054)	(0.579)	(0.105)	(-0.008)	(0.975)	(0.886)	(1.558)	(1.233)
Sdret	33.195***	32.914***	33.333***	33.169***	32.233***	30.010***	31.955***	32.009***
	(26.844)	(25.359)	(26.578)	(26.823)	(22.315)	(18.534)	(21.843)	(22.102)
Lnprice	-0.042**	-0.061***	-0.047***	-0.040**	0.028	0.024	0.039**	0.038**
	(-2.476)	(-3.337)	(-2.733)	(-2.394)	(1.533)	(1.142)	(2.074)	(2.074)
Holders	-0.095***	-0.076***	-0.091***	-0.094***	-0.171***	-0.155***	-0.169***	-0.161***
	(-5.265)	(-3.897)	(-4.891)	(-5.186)	(-10.634)	(-8.431)	(-10.254)	(-10.083)
constant	-0.024	-0.079	0.049	-0.041	0.195	0.184	0.050	0.146
	(-0.068)	(-0.193)	(0.131)	(-0.111)	(0.367)	(0.287)	(0.092)	(0.271)
Firm, Year FE	Yes	Yes	Yes	Yes	Yes	Yes	Yes	Yes
Obs.	4594	4143	4499	4594	4548	3621	4444	4548
Adj - R^2	0.390	0.391	0.384	0.389	0.452	0.413	0.447	0.449

报告会经第三方机构审验（仅占样本总量约 1.2%），所以在年报披露的环境信息接受专业监督、符合合法性要求，更加严谨可靠，且能体现出企业对可持续发展的重视程度，更易得到关注年报的机构投资者认同。

为此本书依照上市公司是否在年报披露环境信息将其分为在年报披露组和不在年报披露组，分组检验结果见表 6－19。表 6－19 第（1）～第（3）列结果显示当公司在年报披露环境信息时，ESG 综合评分及环境、社会责任分项评分与股票 *SRET* 在 1% 水平上显著正相关，而在第（5）～第（7）列未在年报披露信息组，以上关系均不显著。以上结果证实了在年报披露环境相关信息更具合法性，机构投资者也较为认同，ESG 履责对其股票收益的促进效应更为显著。

6.7 本章小结

本章考察企业 ESG 责任表现在中国资本市场上的有效性，并结合 ESG 履责吸引假说和异质性机构投资者假说，从异质性机构投资者或市场投资者短期情绪多重视角，探讨不同利益相关者的作用机制效应，结合主要研究结果及机制分析，进一步从“区域—行业—企业”多维层面探讨 ESG 履责的影响差异。具体得到以下结论：

第一，ESG 履责促进了股票价值增长，进而有力推动企业高质量发展。为缓解可能存在的内生性问题，本书采用倾向得分匹配法（PSM）、两阶段工具变量法（2SLS）、Heckman 两阶段模型以及对 ESG 履责及其有效性采用不同的测度方法进行检验，结果依然稳健。

第二，基于 ESG 履责吸引假说的机制检验显示，ESG 对股票

表6－19 异质性分析：环境信息披露方式

变量	在年报披露组				不在年报披露组			
	(1)	(2)	(3)	(4)	(5)	(6)	(7)	(8)
	SRET	*SRET*	*SRET*	*SRET*	*SRET*	*SRET*	*SRET*	*SRET*
ESG	0.005***				0.000			
	(3.330)				(0.029)			
EESG		0.003***				−0.002		
		(2.803)				(−0.358)		
SESG			0.003***				0.001	
			(2.664)				(0.284)	
GESG				−0.001				0.003
				(−0.610)				(0.561)
Age	0.010	0.009	0.003	0.011	−0.007	−0.033	0.004	−0.007
	(0.460)	(0.386)	(0.128)	(0.527)	(−0.190)	(−0.661)	(0.099)	(−0.200)
Level	0.038	0.022	0.019	0.031	0.047	−0.165	0.082	0.054
	(0.689)	(0.370)	(0.326)	(0.548)	(0.334)	(−0.992)	(0.579)	(0.380)
ROE	0.005***	0.005***	0.005***	0.005***	0.004***	0.004***	0.003***	0.004***
	(10.270)	(9.524)	(10.004)	(10.210)	(3.167)	(2.673)	(2.606)	(3.152)
Top	−0.001*	−0.001	−0.001*	−0.001	−0.001	0.003	−0.001	−0.001
	(−1.885)	(−1.487)	(−1.758)	(−1.625)	(−0.331)	(1.139)	(−0.407)	(−0.350)

续表

变量	在年报披露组				不在年报披露组			
	(1)	(2)	(3)	(4)	(5)	(6)	(7)	(8)
	SRET	*SRET*	*SRET*	*SRET*	*SRET*	*SRET*	*SRET*	*SRET*
Gro	0. 158 ***	0. 160 ***	0. 161 ***	0. 156 ***	0. 124 ***	0. 105 **	0. 107 **	0. 125 ***
	(8. 489)	(7. 847)	(8. 531)	(8. 409)	(3. 008)	(2. 126)	(2. 569)	(3. 029)
Size	0. 007	0. 014	0. 009	0. 009	-0. 044	-0. 023	-0. 040	-0. 044
	(0. 584)	(1. 031)	(0. 745)	(0. 723)	(-1. 555)	(-0. 745)	(-1. 388)	(-1. 562)
Sdret	32. 532 ***	31. 259 ***	32. 484 ***	32. 436 ***	34. 169 ***	35. 558 ***	33. 274 ***	34. 255 ***
	(30. 220)	(27. 592)	(29. 804)	(30. 106)	(12. 142)	(10. 585)	(11. 648)	(12. 177)
Lnprice	0. 000	-0. 008	0. 001	0. 007	-0. 032	-0. 092 *	-0. 018	-0. 033
	(0. 007)	(-0. 519)	(0. 056)	(0. 477)	(-0. 764)	(-1. 767)	(-0. 420)	(-0. 791)
Holders	-0. 141 ***	-0. 127 ***	-0. 140 ***	-0. 136 ***	-0. 099 ***	-0. 056	-0. 110 ***	-0. 099 ***
	(-10. 410)	(-8. 698)	(-10. 099)	(-10. 093)	(-2. 823)	(-1. 235)	(-3. 087)	(-2. 848)
constant	0. 145	0. 075	0. 266	0. 163	0. 485	0. 363	0. 392	0. 373
	(0. 402)	(0. 187)	(0. 713)	(0. 446)	(0. 705)	(0. 370)	(0. 563)	(0. 521)
Firm, Year FE	Yes	Yes	Yes	Yes	Yes	Yes	Yes	Yes
Obs.	7478	6614	7352	7478	1664	1150	1591	1664
Adj - R^2	0. 372	0. 354	0. 365	0. 371	0. 051	0. 027	0. 036	0. 051

收益的积极效应主要通过吸引机构投资者增持或进入发挥作用，而非市场投资者短期情绪所致，基于构投资者异质性假说的机制检验显示，独立型机构投资者、外资持股发挥了显著中介效应，说明ESG履责主要吸引了与公司无明显商业关系的独立或境外机构投资者，进而促进股票累计收益率的提升。

第三，当公司所在地遭遇气候风险冲击或为高碳排放区域、所处行业为轻污染行业、非国有企业或公司在年报中披露环境信息时，ESG履责对股票价值增长的促进效应更为显著。

研究结论有助于市场参与者把握中国资本市场企业ESG履责的内在动因及后果，企业ESG履责可获得专业投资者认同，体现了ESG投资理念下专业投资者可发挥价值引领作用，即市场上独立专业的机构投资者更认同高ESG公司，ESG履责能够拓展企业融资渠道，为其价值增长提供重要动力。

第7章 研究结论与政策启示

7.1 研究结论

ESG 是一种关注企业环境、社会、治理绩效而非财务绩效的企业评价标准，代表更加绿色的发展方式、更加负责的企业形象以及更加有效的公司治理机制，是中国的“绿色治理”。ESG 与国家“双碳”战略和绿色低碳转型的目标高度一致，ESG 当前的发展赋予了时代的内涵。本书以企业 ESG 履责为视角，基于“创新发展—效率提升—价值增长”三个维度探索 ESG 对企业高质量发展的深层影响关系，以期解读经济高质量发展的驱动因素且优化相关政策，对切实践行“双碳”目标、贯彻新发展理念具有很强的理论和现实意义。基于中国沪深 A 股上市公司 ESG 履责情况，本书从绿色创新、全要素生产率和股票收益三个方面出发，实证检验了 ESG 履责赋能企业高质量发展及其深层次作用机理，并基于“宏观—中观—微观”层面探究其影响异质性，主要研究结论如下：

ESG 履责对企业绿色创新的影响。深入探讨企业 ESG 履责是否会促进绿色创新水平的提升，从财务约束、企业声誉和信息披露质量三个方面着手，分别选取业现金流入、融资约束、企业声誉、分析师跟踪多重机制剖析其作用路径，进一步创新性地纳入宏观区域层面（区域碳排放、区域环境规制压力）、中观行业层面（行业竞争压力）和微观企业层面（企业人力资源），拓展性检验不同维度因素的差异化影响作用。研究结论证实了 ESG 履责不但有利于环境、社会和外界信息使用者，而且可以通过缓解财务约束、提升企业声誉和信息披露质量促进企业自身绿色创新水平的提升。当企业处于高碳排放、环境规制压力较大、业竞争压力较大以及企业人力资源基础较好时，ESG 对绿色创新水平的提升效应更为凸显。该结论为促进企业积极履责 ESG 以及切实践行绿色高质量发展具有很强的理论和现实意义。

ESG 履责对全要素生产率的影响。深入探讨企业 ESG 履责是否会驱动全要素生产率提升，从降本增效和资源配置两个方面着手，分别选取研发创新、成本费用率、财务约束和非效率投资多重机制剖析其作用路径，进一步创新性地纳入宏观气候层面（极端气候风险、碳排放量）、中观行业层面（是否重污染行业）和微观企业层面（产权性质、自愿性信息披露），拓展性检验不同维度因素的影响作用。研究结论证实了企业而且通过降本增效和优化资源配置有利于自身生产效率的提升，即在践行绿色治理同时赋能高质量发展，拓展性检验显示，在企业遭受极端气候风险或者处于高碳排放环境时，ESG 对全要素生产率的正向效应更为凸显，对非重污染行业、非国有企业和自愿进行信息披露的企业，本书的主要结论也更加显著。结论证实了企业 ESG 履责在践行绿色治理同时有利于自身生产效率的提升，促进企业高质量发展。

企业 ESG 履责（综合表现及分项表现）在中国资本市场上的有效性。考察在遭遇极端气候风险时 ESG 履责有效性的变化，进一步从独立型机构投资者、外资持股和投资者短期情绪多重视角，深入分析不同利益相关者对企业 ESG 履责的认同效果，以检验其有效性的作用机理。研究结果发现，企业 ESG 履责情况越好，其股票收益越高，以上效应在企业遭遇极端气候风险冲击时更为凸显，即 ESG 在遭遇极端气候风险时能发挥“避风港”作用。基于构投资者异质性假说的机制检验显示，独立型机构投资者、外资持股发挥了显著中介效应，说明 ESG 履责主要吸引了与公司无明显商业关系的独立或境外机构投资者，进而促进股票累计收益率的提升。该结论证实了 ESG 履责能够吸引机构投资者专业认同，以提升高水平融资能力促进价值增长。

综合以上可知，企业 ESG 履责可以通过缓解财务约束、提升企业声誉和信息披露质量促进绿色创新水平的提升，通过降本增效和优化资源配置有利于自身生产效率的提升，并能受到独立型机构投资者、外资持股的专业认同，进而提升股票收益，即 ESG 履责通过“创新发展—效率提升—价值增长”三个维度赋能企业高质量发展。

7.2 政策启示

本书研究表明，ESG 履责可促进企业绿色创新水平和全要素生产率水平提升，增加企业资本市场专业认可度，在践行绿色治理的同时赋能高质量发展。

本书研究结论有如下政策启示：

第一，强化企业 ESG 履责意识，持续推动 ESG 发展。研究结论说明企业在环境、社会等方面表现可促进企业绿色创新水平，助力企业高质量发展。因此，持续推动 ESG 发展，可引导我国企业进入绿色发展模式，提升企业发展质量，有力支持十九届六中全会关于“不能简单以生产总值增长率论英雄，必须实现绿色成为普遍形态”的新发展理念。政府应强化政策宣传，培育市场形成“绿色文化”效应，引导企业将 ESG 理念融入公司整体战略；同时积极开展行业绿色标准评价，制定企业 ESG 履责浮动奖惩措施，如，相关部门建立对于出现重大 ESG 负面事件的企业实施处罚或者强制退市等机制。管理者应重新思考公司的目标，制定与 ESG

特别相关的战略实施计划，引导企业走可持续发展之路；同时，随着低碳发展从“加分项”逐渐成为“必选项”，企业面临绿色低碳转型调整，引导企业对ESG各方主体责任的切实履行有助于市场形成新ESG友好型经济，助力“双碳”目标实现。

第二，强化认识ESG履责有效性及避险作用，助力金融支持可持续发展。我国资本市场ESG投资仍处于快速发展的初期阶段，学术界对中国上市公司的ESG研究也尚不足，同时气候风险等对市场带来不确定性冲击，如何引导企业ESG责任投资仍将是不可忽视的难题。本书在检验ESG履责有效性时，引入气候风险因素进行考察，得出企业ESG履责在遭遇极端气候变化时能发挥“避风港”作用，有助于监管部门理解ESG履责的避险作用，为其应对资本市场风险提供了新的思路。同时，贯彻创新驱动发展理念，推促生产方式绿色变革。研究结果发现企业创新是ESG提升全要素生产率的重要路径之一，因此应深入实施创新驱动发展战略，如，引导企业从技术改变上降低环境污染（Levinson，2009[284]），大力倡导低碳节能技术和清洁能源高效使用，推进行业生产方式绿色升级等，以上举措在激发企业创新潜力的同时，能充分实现企业ESG履责优势，产生更多溢出效应。

第三，应充分发挥机构投资者价值引领作用，有助于促进资本市场走向成熟。基于多重利益相关者的研究发现ESG有效性的发挥主要得益于机构投资者或外资机构的专业认同，体现了ESG投资理念下机构投资者的市场引领作用，有助于培育资本市场成熟理性的投资理念，提高投资者对影响投资收益相关风险的识别意识，增强ESG履责企业和资本市场抗风险能力。

第四，实施内治外控，提升企业ESG信息披露质量和可信度。研究结论显示ESG履责较好的企业通过吸引更多现金流、降低融资约束等，可显著提升生产效率，高质量、自愿性责任信息披露能发挥更大效应，即杜绝ESG报告“形大于实”、提升信息披露可信度至关重要。对企业而言，企业应充分发挥董事会领导和监督作用，将环境、气候问题纳入重要公司决策，通过设立 ESG 专门委员会为企业绿色发展提供专业支持；对监管部门而言，相关部门应立法规范 ESG 报告的编制和披露，促使上市公司 ESG 信息披露进一步规范化和合规化，同时可引入 ESG 报告独立鉴证机制（黄世忠，2022）[2]，对上市公司信息披露进行独立鉴证、有效监督，内外合力促进我国上市公司 ESG 信息披露快速良性发展。

参考文献

[1] 金碚. 关于“高质量发展”的经济学研究 [J]. 中国工业经济, 2018 (04): 5 – 18.

[2] 黄世忠. ESG 报告的“漂绿”与反“漂绿” [J]. 财会月刊, 2022 (01): 3 – 11.

[3] Ilhan E, Krueger P, Sautner Z, et al. Climate risk disclosure and institutional investors [J]. Swiss Finance Institute Research Thesis, 2021 (19 – 66).

[4] Stroebel J, Wurgler J. What do you think about climate finance? [J]. Journal of Financial Economics, 2021, 142 (2): 487 – 498.

[5] 伍中信, 魏佳佳. 环境信息披露对企业高质量发展的影响 [J]. 财会月刊, 2022 (08): 7 – 15.

[6] 冯珏, 黄解宇. 金融集聚与企业高质量发展——金融机构空间分布的视角 [J]. 经济与管理, 2023, 37 (01): 71 – 82.

[7] 林志帆, 龙小宁. 社会资本能否支撑中国民营企业高质量发展? [J]. 管理世界, 2021, 37 (10): 56 – 73.

[8] 王治, 彭百川. 企业 ESG 表现对创新绩效的影响 [J]. 统计与决策, 2022, 38 (24): 164 – 168.

[9] 王贞洁, 王惠. 低碳城市试点政策与企业高质量发展——基于经济效率与社会效益双维视角的检验 [J]. 经济管理, 2022, 44 (06): 43 – 62.

[10] 黄速建, 肖红军, 王欣. 论国有企业高质量发展 [J]. 中国工业经济, 2018 (10): 19 – 41.

[11] Giang M H, Xuan T D, Trung B H, et al. Total factor productivity of agricultural firms in Vietnam and its relevant determinants [J]. Economies, 2019, 7 (1): 4.

[12] Castellacci F. Innovation and the competitiveness of industries: Comparing the mainstream and the evolutionary approaches [J]. Technological Forecasting and Social Change, 2008, 75 (7): 984 - 1006.

[13] Kim Y E, Loayza N, Meza Cuadra Balcazar C M. Productivity as the key to economic growth and development [J]. World Bank Research and Policy Briefs, 2016 (108092).

[14] Habib M, Abbas J, Noman R. Are human capital, intellectual property rights, and research and development expenditures really important for total factor productivity? An empirical analysis [J]. International Journal of Social Economics, 2019, 46 (6): 756 - 774.

[15] 操群，许骞. 金融“环境、社会和治理”（ESG）体系构建研究 [J]. 金融监管研究，2019 (04): 95 - 111.

[16] 张佳康. ESG 投资评估体系的启示 [J]. 中国金融，2019 (04): 74 - 75.

[17] Cai L, Cui J, Jo H. Corporate environmental responsibility and firm risk [J]. Journal of Business Ethics, 2016, 139: 563 - 594.

[18] Liang H, Renneboog L. Corporate donations and shareholder value [J]. Oxford Review of Economic Policy, 2017, 33 (2): 278 - 316.

[19] Borghesi R, Houston J F, Naranjo A. Corporate socially responsible investments: CEO altruism, reputation, and shareholder interests [J]. Journal of Corporate Finance, 2014, 26: 164 - 181.

[20] Wing - Hung Lo C, Fryxell G E, Tang S Y. Stakeholder pressures from perceived environmental impacts and the effect on corporate environmental management programmes in China [J]. Environmen-

tal Politics, 2010, 19 (6): 888 - 909.

[21] Iliev, P, Roth, L. Do Directors Drive Corporate Sustainability [J]. Available at SSRN 3575501, 2021.

[22] McCarthy S, Oliver B, Song S. Corporate social responsibility and CEO confidence [J]. Journal of Banking & Finance, 2017, 75: 280 - 291.

[23] Hong H, Kacperczyk M. The price of sin: The effects of social norms on markets [J]. Journal of Financial Economics, 2009, 93 (1): 15 - 36.

[24] Dyck A, Lins K V, Roth L, Wagner, H F. Do institutional investors drive corporate social responsibility? International evidence [J]. J Journal of Financial Economics, 2019, 131 (3): 693 - 714.

[25] Kim H D, Kim T, Kim Y, et al. Do long - term institutional investors promote corporate social responsibility activities? [J]. Journal of Banking & Finance, 2019, 101: 256 - 269.

[26] Gloßner S. Investor horizons, long - term blockholders, and corporate social responsibility [J]. Journal of Banking & Finance, 2019, 103 (6): 78 - 97.

[27] Gollier C, Pouget S. The "washing machine": Investment strategies and corporate behavior with socially responsible investors [J]. Toulouse, 2014.

[28] Dimson E, Karakaş O, Li X. Active ownership [J]. The Review of Financial Studies, 2015, 28 (12): 3225 - 3268.

[29] Gillan S, Hartzell J C, Koch A, et al. Firms' environmental, social and governance (ESG) choices, performance and managerial motivation [J]. Unpublished Working Paper, 2010, 10.

[30] Starks L T, Venkat P, Zhu Q. Corporate ESG profiles and investor horizons [J]. Available at SSRN 3049943, 2017 (6): 1 - 13.

［31］ Hart O，Zingales L. Companies should maximize shareholder welfare not market value ［J］. ECGI – Finance Working Paper，2017（521）：247 –274.

［32］ Hsu C C，Quang – Thanh N，Chien F，Li L，Mohsin M. Evaluating green innovation and performance of financial development：Mediating concerns of environmental regulation ［J］. Environ. Sci. Pollut. Res. 2021，28（40）：57386 –57397.

［33］ McGuinness P B，Vieito J P，Wang M. The role of board gender and foreign ownership in the CSR performance of Chinese listed firms ［J］. Journal of Corporate Finance，2017，42：75 –99.

［34］ Abeysekera A P，Fernando C S. Corporate social responsibility versus corporate shareholder responsibility：A family firm perspective ［J］. Journal of Corporate Finance，2020，61：101370.

［35］ Gillan S，Sekerci N S，Starks L. Do firms cater to demand for environmental and social performance？［J］. Unpublished Working Paper，2020.

［36］ Pedersen L H，Fitzgibbons S，Pomorski L. Responsible investing：The ESG – efficient frontier ［J］. Journal of Financial Economics，2021，142（2）：572 –597.

［37］ Bénabou R，Tirole J. Individual and corporate social responsibility ［J］. Economica，2010，77（305）：1 –19.

［38］ Fatemi A，Fooladi I，Tehranian H. Valuation effects of corporate social responsibility ［J］. Journal of Banking & Finance，2015，59：182 –192.

［39］ Albuquerque R，Koskinen Y，Zhang C. Corporate social responsibility and firm risk：Theory and empirical evidence ［J］. Management Science，2019，65（10）：4451 –4469.

［40］ Servaes H，Tamayo A. The impact of corporate social responsibility on firm value: The role of customer awareness [J]. Management Science, 2013, 59 (5): 1045 – 1061.

[41] Liang H, Renneboog L. On the foundations of corporate social responsibility [J]. The Journal of Finance, 2017, 72 (2): 853 – 910.

[42] 张琳，赵海涛. 企业环境、社会和公司治理（ESG）表现影响企业价值吗？——基于A股上市公司的实证研究 [J]. 武汉金融，2019 (10): 36 – 43.

[43] 王思薇，姜黎黎. ESG表现对中国煤炭上市公司价值的影响研究 [J]. 煤炭经济研究，2021, 41 (03): 66 – 71.

[44] Ferrell A, Liang H, Renneboog L. Socially responsible firms [J]. Journal of Financial Economics, 2016, 122 (3): 585 – 606.

[45] Buchanan B, Cao C X, Chen C. Corporate social responsibility, firm value, and influential institutional ownership [J]. Journal of Corporate Finance, 2018, 52: 73 – 95.

[46] 权小锋，吴世农，尹洪英. 企业社会责任与股价崩盘风险："价值利器"或"自利工具" [J]. 经济研究，2015, 50 (11): 49 – 64.

[47] Masulis R W, Reza S W. Agency problems of corporate philanthropy [J]. The Review of Financial Studies, 2015, 28 (2): 592 – 636.

[48] 杨皖苏，杨善林. 中国情境下企业社会责任与财务绩效关系的实证研究——基于大、中小型上市公司的对比分析 [J]. 中国管理科学，2016, 24 (01): 143 – 150.

[49] 邱牧远，殷红. 生态文明建设背景下企业ESG表现与融资成本 [J]. 数量经济技术经济研究，2019, 36 (03): 108 – 123.

[50] 沈洪涛，马正彪. 地区经济发展压力、企业环境表现与债务融资 [J]. 金融研究，2014 (02): 153 – 166.

[51] 高杰英，褚冬晓，廉永辉，等. ESG表现能改善企业投

资效率吗？[J]. 证券市场导报，2021（11）：24-34+72.

[52] Busch T, Hoffmann V H. How hot is your bottom line? Linking carbon and financial performance [J]. Business & Society, 2011, 50 (2): 233-265.

[53] Gibson R, Krueger P, Mitali S F. The sustainability footprint of institutional investors: ESG driven price pressure and performance [J]. Swiss Finance Institute Research Paper, 2020 (17-05).

[54] Broadstock D C, Chan K, Cheng L T W, et al. The role of ESG performance during times of financial crisis: Evidence from COVID-19 in China [J]. Finance Research Letters, 2021, 38: 101716.

[55] Lins K V, Servaes H, Tamayo A. Social capital, trust, and firm performance: The value of corporate social responsibility during the financial crisis [J]. The Journal of Finance, 2017, 72 (4): 1785-1824.

[56] Hong H, Liskovich I. Crime, punishment and the halo effect of corporate social responsibility [R]. National Bureau of Economic Research, 2015.

[57] Jagannathan R, Ravikumar A, Sammon M. Environmental, social, and governance criteria: Why investors should care [J]. J. Invest. Manag., 2018, 16: 18-31.

[58] El Ghoul S, Guedhami O, Kwok C C Y, et al. Does corporate social responsibility affect the cost of capital? [J]. Journal of banking & finance, 2011, 35 (9): 2388-2406.

[59] Oikonomou I, Brooks C, Pavelin S. The impact of corporate social performance on financial risk and utility: A longitudinal analysis [J]. Financial Management, 2012, 41 (2): 483-515.

[60] Hoepner A G F, Oikonomou I, Sautner Z, et al. ESG shareholder engagement and downside risk [J]. Available at SSRN, 2018,

1 – 42.

[61] Nofsinger J R, Sulaeman J, Varma A. Institutional investors and corporate social responsibility [J]. Journal of Corporate Finance, 2019 (58): 700 – 725.

[62] Pástor L', Vorsatz M B. Mutual fund performance and flows during the COVID – 19 crisis [J]. The Review of Asset Pricing Studies, 2020, 10 (4): 791 – 833.

[63] Coudert V, Gex M. Does risk aversion drive financial crises? Testing the predictive power of empirical indicators [J]. Journal of Empirical Finance, 2008, 15 (2): 167 – 184.

[64] Becchetti L, Ciciretti R, Hasan I. Corporate social responsibility, stakeholder risk, and idiosyncratic volatility [J]. Journal of Corporate Finance, 2015, 35: 297 – 309.

[65] 张军扩，侯永志，刘培林，等．高质量发展的目标要求和战略路径 [J]．管理世界，2019，35 (07)：1 – 7.

[66] 王一鸣．百年大变局、高质量发展与构建新发展格局 [J]．管理世界，2020，36 (12)：1 – 13.

[67] 赵涛，张智，梁上坤．数字经济、创业活跃度与高质量发展——来自中国城市的经验证据 [J]．管理世界，2020，36 (10)：65 – 76.

[68] 任晓猛，钱滔，潘士远，等．新时代推进民营经济高质量发展：问题、思路与举措 [J]．管理世界，2022，38 (08)：40 – 54.

[69] 辜胜阻，吴华君，吴沁沁，等．创新驱动与核心技术突破是高质量发展的基石 [J]．中国软科学，2018，334 (10)：9 – 18.

[70] 魏敏，李书昊．新时代中国经济高质量发展水平的测度研究 [J]．数量经济技术经济研究，2018，35 (11)：3 – 20.

[71] 聂长飞，简新华．中国高质量发展的测度及省际现状的分

析比较［J］. 数量经济技术经济研究，2020，37（02）：26－47.

［72］杨耀武，张平. 中国经济高质量发展的逻辑、测度与治理［J］. 经济研究，2021，56（01）：26－42.

［73］杨栩，连志凤. 企业数字责任、数字信任与企业高质量发展［J］. 中国软科学，2023（01）：145－155.

［74］陈诗一，陈登科. 雾霾污染？政府治理与经济高质量发展［J］. 经济研究，2018（2）：20－34.

［75］赵宸宇，王文春，李雪松. 数字化转型如何影响企业全要素生产率［J］. 财贸经济，2021（7）：114－129.

［76］毛新述，从阙匀，张晨宇，等. 国企高管薪酬职务倒挂影响企业创新吗？［J］. 南开管理评论，2023（1）：1－30.

［77］Du K，Cheng Y，Yao X. Environmental regulation，green technology innovation，and industrial structure upgrading：The road to the green transformation of Chinese cities［J］. Energy Economics，2021，98.

［78］Sha Y，Zhang P，Wang Y，et al. Capital market opening and green innovation—Evidence from Shanghai－Hong Kong stock connect and the Shenzhen－Hong Kong stock connect［J］. Energy Economics，2022，111：106048.

［79］Porter M E. Towards a dynamic theory of strategy［J］. Strategic Management Journal，1991，12（S2）：95－117.

［80］刘金科，肖翊阳. 中国环境保护税与绿色创新：杠杆效应还是挤出效应？［J］. 经济研究，2022，57（01）：72－88.

［81］于连超，张卫国，毕茜. 环境税会倒逼企业绿色创新吗？［J］. 审计与经济研究，2019，34（02）：79－90.

［82］Cheng Y，Du K，Yao X. Stringent environmental regulation and inconsistent green innovation behavior：Evidence from air pollution prevention and control action plan in China［J］. Energy Economics，

2023, 120: 106571.

[83] Zhang, D. Do heterogenous subsides work differently on environmental innovation? A mechanism exploration approach [J]. Energy Economics, 2022, 114, 106233.

[84] Chen Q, Lin S, Zhang X. The effect of China's incentive policies for technological innovation: incentivizing quantity or quality [J]. China Ind. Econ, 2020, 4: 79 -96.

[85] Yuan B, Cao X. Do corporate social responsibility practices contribute to green innovation? The mediating role of green dynamic capability [J]. Technology in Society, 2022, 68: 101868.

[86] Derchi G B, Davila A, Oyon D. Green incentives for environmental goals [J]. Management Accounting Research, 2023 (1): 100830.

[87] Zhang F, Zhu L. Enhancing corporate sustainable development: Stakeholder pressures, organizational learning, and green innovation [J]. Business Strategy and the Environment, 2019, 28 (6): 1012 -1026.

[88] 李青原，肖泽华．异质性环境规制工具与企业绿色创新激励——来自上市企业绿色专利的证据 [J]. 经济研究，2020，55 (09): 192 -208.

[89] Brav A, Jiang W, Ma S, et al. How does hedge fund activism reshape corporate innovation? [J]. Journal of Financial Economics, 2018, 130 (2): 237 -264.

[90] Irfan M, Razzaq A, Sharif A, et al. Influence mechanism between green finance and green innovation: Exploring regional policy intervention effects in China [J]. Technological Forecasting and Social Change, 2022, 182: 121882.

[91] 沈红波，寇宏，张川．金融发展、融资约束与企业投资

的实证研究［J］．中国工业经济，2010（06）：55－64.

［92］ Barney J B，Arikan A M. The resource－based view：origins and implications［J］．The Blackwell handbook of strategic management，2005（1）：123－182.

［93］王宗军，蒋振宇．从知识获取到创新能力：信息素养的调节效应［J］．科研管理，2020，41（01）：274－284.

［94］张允萌．企业 ESG 表现、融资约束与绿色技术创新［J］．商业会计，2021（11）：33－39.

［95］项东，魏荣建．ESG 信息披露、媒体关注与企业绿色创新［J］．武汉金融，2022（09）：61－71.

［96］刘柏，卢家锐，琚涛．形式主义还是实质主义：ESG 评级软监管下的绿色创新研究［J］．南开管理评论，2022（5）：1－24.

［97］ Cai Y，Pan C H，Statman M. Why do countries matter so much in corporate social performance［J］．Journal of Corporate Finance，2016（41）：591－609.

［98］ Krüger P. Corporate goodness and shareholder wealth［J］．Journal of Financial Economics，2015，115（2）：304－329.

［99］ Frantzen D. R&D，human capital and international technology spillovers：A cross－country analysis［J］．Scandinavian Journal of Economics，2000，102（1）：57－75.

［100］ Griffith R，Redding S，Reenen J V. Mapping the two faces of R&D：Productivity growth in a panel of OECD industries［J］．Review of Economics and Statistics，2004，86（4）：883－895.

［101］ Easterly W，Levine R. What have we learned from a decade of empirical research on growth? It′s Not Factor Accumulation：Stylized Facts and Growth Models［J］．The World Bank Economic Review，2001，15（2）：177－219.

[102] Hall R E, Jones C I. Why do some countries produce so much more output per worker than others? [J]. The Quarterly Journal of Economics, 1999, 114 (1): 83 - 116.

[103] Sesay B, Yulin Z, Wang F. Does the national innovation system spur economic growth in Brazil, Russia, India, China and South Africa economies? Evidence from panel data [J]. South African Journal of Economic and Management Sciences, 2018, 21 (1): 1 - 12.

[104] Huang J, Cai X, Huang S, et al. Technological factors and total factor productivity in China: Evidence based on a panel threshold model [J]. China Economic Review, 2019, 54: 271 - 285.

[105] 余泳泽，张先轸．要素禀赋、适宜性创新模式选择与全要素生产率提升 [J]．管理世界，2015 (09): 13 - 31 + 187.

[106] 孙晓华，王昀．企业规模对生产率及其差异的影响——来自工业企业微观数据的实证研究 [J]．中国工业经济，2014，314 (05): 57 - 69.

[107] Geylani P C, Stefanou S E. Linking investment spikes and productivity growth [J]. Empirical Economics, 2013, 45: 157 - 178.

[108] Coricelli F, Driffield N, Pal S, et al. When does leverage hurt productivity growth? A firm - level analysis [J]. Journal of international Money and Finance, 2012, 31 (6): 1674 - 1694.

[109] Satpathy L, Chatterjee B, Mahakud J. Financial Constraints and Total Factor Productivity Evidence from Indian Manufacturing Companies [J]. Journal of Management Research, 2017, 17 (3): 146 - 162.

[110] Xiao Z, Peng H, Pan Z. Innovation, external technological environment and the total factor productivity of enterprises [J]. Accounting & Finance, 2022, 62 (1): 3 - 29.

[111] 田磊，陆雪琴．减税降费、企业进入退出和全要素生

产率 [J]. 管理世界, 2021 (12): 56-77.

[112] 宋敏, 周鹏, 司海涛. 金融科技与企业全要素生产率——"赋能"和信贷配给的视角 [J]. 中国工业经济, 2021 (04): 138-155

[113] Gompers P, Ishii J, Metrick A. Corporate governance and equity prices [J]. The Quarterly Journal of Economics, 2003, 118 (1): 107-156.

[114] Bauer R, Guenster N, Otten R. Empirical evidence on corporate governance in Europe. The effect on stock returns, firm value and performance [J]. EFMA, 2004, 12 (1).

[115] Bebchuk L, Cohen A, Ferrell A. What matters in corporate governance? [J]. The Review of Financial Studies, 2009, 22 (2): 783-827.

[116] Tsai H J, Wu Y. Changes in corporate social responsibility and stock performance [J]. Journal of Business Ethics, 2022 (1): 1-21.

[117] Kitzmueller M, Shimshack J. Economic perspectives on corporate social responsibility [J]. Journal of Economic Literature, 2012, 50 (1): 51-84.

[118] Kempf A, Osthoff P. The effect of socially responsible investing on portfolio performance [J]. European Financial Management, 2007, 13 (5): 908-922.

[119] Wang L, Kutan A M. The impact of natural disasters on stock markets: Evidence from Japan and the US [J]. Comparative Economic Studies, 2013, 55: 672-686.

[120] Donadelli M, Jüppner M, Paradiso A, et al. Tornado activity, house prices, and stock returns [J]. The North American Journal of Economics and Finance, 2020, 52: 101162.

[121] Hong H, Li F W, Xu J. Climate risks and market efficiency [J]. Journal of Econometrics, 2019, 208 (1): 265 –281.

[122] Ding W, Levine R, Lin C, et al. Corporate immunity to the COVID –19 pandemic [J]. Journal of Financial Economics, 2021, 141 (2): 802 –830.

[123] Dharani M, Hassan M K, Huda M, et al. Covid –19 pandemic and stock returns in India [J]. Journal of Economics and Finance, 2023, 47 (1): 251 –266.

[124] Wu X, Chen S, Guo J, et al. Effect of air pollution on the stock yield of heavy pollution enterprises in China's key control cities [J]. Journal of Cleaner Production, 2018, 170: 399 –406.

[125] Garel A, Petit –Romec A. Investor rewards to environmental responsibility: Evidence from the COVID –19 crisis [J]. Journal of Corporate Finance, 2021, 68: 101948.

[126] Khan M, Serafeim G, Yoon A. Corporate sustainability: First evidence on materiality [J]. The Accounting Review, 2016, 91 (6): 1697 –1724.

[127] Khan M. Corporate governance, ESG, and stock returns around the world [J]. Financial Analysts Journal, 2019, 75 (4): 103 –123.

[128] Hwang C Y, Titman S, Wang Y. Investor tastes, corporate behavior, and stock returns: An analysis of corporate social responsibility [J]. Management Science, 2022, 68 (10): 7131 –7152.

[129] Di Giuli A, Kostovetsky L. Are red or blue companies more likely to go green? Politics and corporate social responsibility [J]. Journal of Financial Economics, 2014, 111 (1): 158 –180.

[130] Brown G W, Cliff M T. Investor sentiment and asset valuation [J]. The Journal of Business, 2005, 78 (2): 405 –440.

[131] Ying Q, Kong D, Luo D. Investor attention, institutional ownership, and stock return: Empirical evidence from China [J]. Emerging Markets Finance and Trade, 2015, 51 (3): 672 -685.

[132] Corredor P, Ferrer E, Santamaria R. Investor sentiment effect in stock markets: Stock characteristics or country - specific factors? [J]. International Review of Economics and Finance, 2013, 27: 572 -591.

[133] Jiang F, Lee J, Martin X, et al. Manager sentiment and stock returns [J]. Journal of Financial Economics, 2019, 132 (1): 126 -149.

[134] Barber B M, Odean T. All that glitters: The effect of attention and news on the buying behavior of individual and institutional investors [J]. The Review of Financial Studies, 2008, 21 (2): 785 -818.

[135] Kaniel R, Saar G, Titman S. Individual investor trading and stock returns [J]. The Journal of Finance, 2008, 63 (1): 273 - 310.

[136] Boyer B H, Zheng L. Who moves the market? A study of stock prices and investment cashflows [J]. AFA, 2003, 12 (36).

[137] Bohl M T, Brzeszczyński J, Wilfling B. Institutional investors and stock returns volatility: Empirical evidence from a natural experiment [J]. Journal of Financial Stability, 2009, 5 (2): 170 - 182.

[138] Gao X, Gu C, Koedijk K. Institutional investor sentiment and aggregate stock returns [J]. European Financial Management, 2021, 27 (5): 899 -924.

[139] Boone A L, White J T. The effect of institutional ownership on firm transparency and information production [J]. Journal of Financial Economics, 2015, 117 (3): 508 -533.

[140] Bushee B J, Noe C F. Corporate disclosure practices, institutional investors, and stock return volatility [J]. Journal of Accounting Research, 2000, 32 (12): 171 -202.

[141] Ferreira M A, Matos P. The colors of investors' money: The role of institutional investors around the world [J]. Journal of Financial Economics, 2008, 88 (3): 499 -533.

[142] Shi W, Connelly B L, Hoskisson R E, et al. Portfolio spillover of institutional investor activism: An awareness - motivation - capability perspective [J]. Academy of Management Journal, 2020, 63 (6): 1865 -1892.

[143] Chan D K, Li X, Xin Q. Institutional investor inattention and audit quality [J]. Journal of Accounting and Public Policy, 2021, 40 (3): 106857.

[144] Kim D, Kim H D, Joe D Y, et al. Institutional investor heterogeneity and market price dynamics: Evidence from investment horizon and portfolio concentration [J]. Journal of Financial Markets, 2021, 54: 100604.

[145] Stroebel J, Wurgler J. What do you think about climate finance and risks? [J]. Journal of Financial Economics, 2021, 142 (2): 487 -498.

[146] Krueger P, Sautner Z, Starks L T. The importance of climate risks for institutional investors [J]. The Review of Financial Studies, 2020, 33 (3): 1067 -1111.

[147] Roberts J, Sonnenschein H. On the foundations of the theory of monopolistic competition [J]. Econometrica: Journal of the Econometric Society, 1977, 12: 101 -113.

[148] Peteraf M A. The cornerstones of competitive advantage: A resource - based view [J]. Strategic Management Journal, 1993, 14

(3): 179 - 191.

[149] Bromiley P, Rau D. Operations management and the resource based view: Another view [J]. Journal of Operations Management, 2016, 41: 95 - 106.

[150] Östlund S. The limits and possibilities in designing the environmentally sustainable firm [J]. Business Strategy and the Environment, 1994, 3 (2): 21 - 33.

[151] 胡曲应. 上市公司环境绩效与财务绩效的相关性研究 [J]. 中国人口·资源与环境, 2012 (06): 24 - 32.

[152] Qiu Y, Shaukat A, Tharyan R. Environmental and social disclosures: Link with corporate financial performance [J]. The British Accounting Review, 2016, 48 (1): 102 - 116.

[153] DesJardine M R, Marti E, Durand R. Why activist hedge funds target socially responsible firms: The reaction costs of signaling corporate social responsibility [J]. Academy of Management Journal, 2021, 64 (3): 851 - 872.

[154] Fama E F. Agency problems and the theory of the firm [J]. Journal of Political Economy, 1980, 88 (2): 288 - 307.

[155] Dhaliwal D S, Li O Z, Tsang A, et al. Voluntary nonfinancial disclosure and the cost of equity capital: The initiation of corporate social responsibility reporting [J]. The Accounting Review, 2011, 86 (1): 59 - 100.

[156] Balmer J M T. Corporate identity and the advent of corporate marketing [J]. Journal of Marketing Management, 1998, 14 (8): 963 - 996.

[157] Roberts P W, Dowling G R. Corporate reputation and sustained superior financial performance [J]. Strategic Management Journal, 2002, 23 (12): 1077 - 1093.

[158] Deephouse D L. Media reputation as a strategic resource: An integration of mass communication and resource - based theories [J]. Journal of Management, 2000, 26 (6): 1091 - 1112.

[159] 李井林，阳镇. 董事会性别多元化、企业社会责任与企业技术创新——基于中国上市公司的实证研究 [J]. 科学学与科学技术管理，2019，40 (05): 34 - 51.

[160] 宁吉喆. 中国式现代化的方向路径和重点任务 [J]. 管理世界，2023，39 (03): 1 - 19.

[161] 李兰，王锐，彭泗清. 企业家成长 30 年：企业家精神引领企业迈向高质量发展——中国企业家队伍成长与发展 30 年调查综合报告 [J]. 管理世界，2023，39 (03): 113 - 136.

[162] 马媛，侯贵生，尹华. 技术创新的演变：从传统到绿色 [J]. 科技管理研究，2014，34 (19): 11 - 15.

[163] Bhandari A, Javakhadze D. Corporate social responsibility and capital allocation efficiency [J]. Journal of Corporate Finance, 2017 (43): 354 - 377.

[164] Pekovic S, Vogt S. The fit between corporate social responsibility and corporate governance: The impact on a firm's financial performance [J]. Review of Managerial Science, 2021, 15: 1095 - 1125.

[165] Radhakrishnan S, Tsang A, Liu R. A corporate social responsibility framework for accounting research [J]. The International Journal of Accounting, 2018, 53 (4): 274 - 294.

[166] Cui B, Docherty P. Stock price overreaction to esg controversies [J]. Available at SSRN 3559915, 2020 (3): 1 - 21.

[167] Marshall A, Rao S, Roy P P, et al. Mandatory corporate social responsibility and foreign institutional investor preferences [J]. Journal of Corporate Finance, 2022, 76: 102261.

［168］朱武祥，张平，李鹏飞，等．疫情冲击下中小微企业困境与政策效率提升——基于两次全国问卷调查的分析［J］．管理世界，2020，36（04）：13－26.

［169］黄群慧．新冠肺炎疫情对供给侧的影响与应对：短期和长期视角［J］．经济纵横，2020（05）：46－57.

［170］张胜，张雯，于富生．企业产权、社会责任信息披露与市场反应——来自我国上市公司的经验证据［J］．经济管理，2012（11）：44－52.

［171］曹廷求，张光利．自愿性信息披露与股价崩盘风险：基于电话会议的研究［J］．经济研究，2020（11）：191－207.

［172］Betz U A K, Betz F, Kim R, et al. Surveying the future of science, technology and business – A 35 year perspective［J］. Technological Forecasting and Social Change, 2019, 144: 137－147.

［173］Faulkner S. Urbanization impacts on the structure and function of forested wetlands［J］. Urban Ecosystems, 2004, 7（2）: 89－106.

［174］Feng Y, Wang X, Liang Z. How does environmental information disclosure affect economic development and haze pollution in Chinese cities? The mediating role of green technology innovation［J］. Science of the Total Environment, 2021, 775: 145811.

［175］Hsu P H, Liang H, Matos P. Leviathan Inc. and corporate environmental engagement［J］. Management Science, 2021, 12（1）.

［176］Chen Y S, Lai S B, Wen C T. The Influence of Green Innovation Performance on Corporate Advantage in Taiwan［J］. Journal of Business Ethics, 2006, 67（4）: 331－339.

［177］Kam – Sing Wong S. The influence of green product competitiveness on the success of green product innovation: Empirical evidence from the Chinese electrical and electronics industry［J］. European Journal of Innovation Management, 2012, 15 (4): 468 – 490.

[178] Chen Y. The driver of green innovation and green image – green core competence [J]. Journal of Business Ethics, 2008, 81 (3): 531 – 543.

[179] Jin P, Peng C, Song M. Macroeconomic uncertainty, high – level innovation, and urban green development performance in China [J]. China Economic Review, 2019 (55): 1 – 18.

[180] Derchi G B, Davila A, Oyon D. Green incentives for environmental goals [J]. Management Accounting Research, 2023 (3): 100830.

[181] Xiang C, Chen F, Jones P, et al. The effect of institutional investors' distraction on firms' corporate social responsibility engagement: Evidence from China [J]. Review of Managerial Science, 2021, 15: 1645 – 1681.

[182] Labuschagne C, Brent A C, Van Erck R P G. Assessing the sustainability performances of industries [J]. Journal of Cleaner Production, 2005, 13 (4): 373 – 385.

[183] Nilashi M, Rupani P F, Rupani M M, et al. Measuring sustainability through ecological sustainability and human sustainability: A machine learning approach [J]. Journal of Cleaner Production, 2019, 240: 118162.

[184] McWilliams A, Siegel D. Corporate social responsibility and financial performance: Correlation or misspecification? [J]. Strategic Management Journal, 2000, 21 (5): 603 – 609.

[185] Zhou Y, Shu C, Jiang W, et al. Green management, firm innovations, and environmental turbulence [J]. Business Strategy and the Environment, 2019, 28 (4): 567 – 581.

[186] Flammer C. Corporate social responsibility and shareholder

reaction: The environmental awareness of investors [J]. Academy of Management Journal, 2013, 56 (3): 758 -781.

[187] Flammer C. Does corporate social responsibility lead to superior financial performance? A regression discontinuity approach [J]. Management Science, 2015, 61 (11): 2549 -2568.

[188] Godfrey P C. The relationship between corporate philanthropy and shareholder wealth: A risk management perspective [J]. Academy of Management Review, 2005, 30 (4): 777 -798.

[189] Frooman J. Stakeholder influence strategies [J]. Academy of Management Review, 1999, 24 (2): 191 -205.

[190] Backhaus K B, Stone B A, Heiner K. Exploringthe relationship between corporate social performance and employer attractiveness [J]. Business & Society, 2002, 41 (3): 292 -318.

[191] 郑超愚，孟祥慧．企业声誉、市场竞争与商业信用融资——基于中国上市公司的经验考察 [J]. 东岳论丛，2021，42 (01): 98 -106 +191 -192.

[192] Christensen H B, Hail L, Leuz C. Mandatory CSR and sustainability reporting: Economic analysis and literature review. Review of Accounting Studies, 2021, 26 (3): 1176 -1248.

[193] Shane P B, Spicer B H. Market response to environmental information produced outside the firm [J]. Accounting Review, 1983, 12 (1): 521 -538.

[194] Chollet P, Sandwidi B W. CSR engagement and financial risk: A virtuous circle? International evidence [J]. Global Finance Journal, 2018, 38: 65 -81.

[195] Shahab Y, Ntim C G, Chengang Y, et al. Environmental policy, environmental performance, and financial distress in China: Do top management team characteristics matter? [J]. Business Strategy

and the Environment, 2018, 27 (8): 1635 - 1652.

[196] 冯丽艳，肖翔，程小可．社会责任对企业风险的影响效应——基于我国经济环境的分析 [J]. 南开管理评论，2016，19 (6): 141 - 154.

[197] Christensen D M. Corporate accountability reporting and high - profile misconduct [J]. The Accounting Review, 2016, 91 (2): 377 - 399.

[198] Moser D V, Martin P R. A broader perspective on corporate social responsibility research in accounting [J]. The Accounting Review, 2012, 87 (3): 797 - 806.

[199] Baloria V P, Klassen K J, Wiedman C I. Shareholder activism and voluntary disclosure initiation: The case of political spending [J]. Contemporary Accounting Research, 2019, 36 (2): 904 - 933.

[200] Neu D, Warsame H, Pedwell K. Managing public impressions: Environmental disclosures in annual reports [J]. Accounting, Organizations and Society, 1998, 23 (3): 265 - 282.

[201] Cho C H, Guidry R P, Hageman A M, et al. Do actions speak louder than words? An empirical investigation of corporate environmental reputation [J]. Accounting, Organizations and Society, 2012, 37 (1): 14 - 25.

[202] Chatjuthamard P, Wongboonsin P, Kongsompong K, et al. Does economic policy uncertainty influence executive risk - taking incentives? [J]. Finance Research Letters, 2020, 37: 101385.

[203] Tran Q T. Economic policy uncertainty and corporate risk - taking: International evidence [J]. Journal of Multinational Financial Management, 2019, 52: 100605.

[204] Wen F, Li C, Sha H, et al. How does economic policy uncertainty affect corporate risk - taking? Evidence from China [J]. Fi-

nance Research Letters, 2021, 41: 101840.

[205] 杨金坤. 企业社会责任信息披露与创新绩效——基于“强制披露时代”中国上市公司的实证研究 [J]. 科学学与科学技术管理, 2021, 42 (01): 57-75.

[206] Narayanan M P. Managerial incentives for short - term results [J]. The Journal of Finance, 1985, 40 (5): 1469-1484.

[207] Flammer C, Bansal P. Does a long - term orientation create value? Evidence from a regression discontinuity [J]. Strategic Management Journal, 2017, 38 (9): 1827-1847.

[208] 吴红军. 环境信息披露、环境绩效与权益资本成本 [J]. 厦门大学学报 (哲学社会科学版), 2014 (03): 129-138.

[209] Guo B, Pérez - Castrillo D, Toldrà - Simats A. Firms' innovation strategy under the shadow of analyst coverage [J]. Journal of Financial Economics, 2019, 131 (2): 456-483.

[210] 黎文靖, 郑曼妮. 实质性创新还是策略性创新?——宏观产业政策对微观企业创新的影响 [J]. 经济研究, 2016, 51 (04): 60-73.

[211] Amore M D, Bennedsen M. Corporate governance and green innovation [J]. Journal of Environmental Economics and Management, 2016, 75: 54-72.

[212] Van - Hoang T H, Przychodzen W, Przychodzen J, et al. Environmental transparency and performance: Does the corporate governance matter? [J]. Environmental and Sustainability Indicators, 2021, 10: 100123.

[213] 张琦, 郑瑶, 孔东民. 地区环境治理压力、高管经历与企业环保投资——一项基于《环境空气质量标准 (2012)》的准自然实验 [J]. 经济研究, 2019, 54 (06): 183-198.

[214] 齐绍洲, 林屾, 崔静波. 环境权益交易市场能否诱发

绿色创新？——基于我国上市公司绿色专利数据的证据［J］. 经济研究，2018，53（12）：129－143.

［215］王刚刚，谢富纪，贾友. R和D补贴政策激励机制的重新审视——基于外部融资激励机制的考察［J］. 中国工业经济，2017（02）：60－78.

［216］Fatemi A，Glaum M，Kaiser S. ESG performance and firm value：The moderating role of disclosure［J］. Global Finance Journal，2018（38）：45－64.

［217］Liao L，Luo L，Tang Q. Gender diversity，board independence，environmental committee and greenhouse gas disclosure［J］. The British accounting review，2015，47（4）：409－424.

［218］Stock J H，Yogo M. Testing for Weak Instruments in Linear IV Regression［M］. Cambridge University Press，2005.

［219］斯丽娟，曹昊煜. 绿色信贷政策能够改善企业环境社会责任吗——基于外部约束和内部关注的视角［J］. 中国工业经济，2022（04）：137－155.

［220］陆菁，鄢云，王韬璇. 绿色信贷政策的微观效应研究——基于技术创新与资源再配置的视角［J］. 中国工业经济，2021（01）：174－192.

［221］王修华，刘锦华，赵亚雄. 绿色金融改革创新试验区的成效测度［J］. 数量经济技术经济研究，2021（10）：107－127.

［222］温忠麟，叶宝娟. 中介效应分析：方法和模型发展［J］. 心理科学进展，2014（05）：731－745.

［223］温忠麟. 张雷，侯杰泰，等. 中介效应检验程序及其应用［J］. 心理学报，2004（05）：614－620.

［224］江艇. 因果推断经验研究中的中介效应与调节效应［J］. 中国工业经济，2022（05）：100－120.

[225] Hadlock C J, Pierce J R. New evidence on measuring financial constraints: Moving beyond the KZ index [J]. The Review of Financial Studies, 2010, 23 (5): 1909 - 1940.

[226] 尹建华，双琦．“忠诚”还是“利用”：社会信任对企业绿色创新水平的影响研究 [J]. 研究与发展管理，2022，34 (04)：38 - 50.

[227] 周丽萍，陈燕，金玉健．企业社会责任与财务绩效关系的实证研究——基于企业声誉视角的分析解释 [J]. 江苏社会科学，2016 (03)：95 - 102.

[228] 刘艳博，耿修林．环境不确定下的营销投入、企业社会责任与企业声誉的关系研究管理评论，2021，33 (10)：159 - 170.

[229] 沈菲，陶启智，张云．董事海外背景对企业绿色技术创新的影响研究——基于企业声誉的视角 [J]. 上海财经大学学报，2022，24 (03)：108 - 122.

[230] Moshirian F, Qian X, Wee C K G, et al. The determinants and pricing of liquidity commonality around the world [J]. Journal of Financial Markets, 2017 (33): 22 - 41.

[231] Chen Z, Kahn M E, Liu Y, et al. The Consequences of Spatially Differentiated Water Pollution Regulation in China [J]. Journal of Environmental Economics and Management, 2018, 88 (03): 468 - 485.

[232] 邓慧慧，杨露鑫．雾霾治理、地方色转型 [J]. 中国工业经济，2019 (10)：118 - 136.

[233] 吴迪，赵奇锋，韩嘉怡．企业社会责任与技术创新：来自中国的证据 [J]. 南开经济研究，2020 (03)：140 - 160.

[234] Mao C X, Zhang C. Managerial risk - taking incentive and firm innovation: Evidence from FAS 123R [J]. Journal of Financial and Quantitative Analysis, 2018, 53 (2): 867 - 898.

［235］ Tsang A, Wang K T, Liu S, et al. Integrating corporate social responsibility criteria into executive compensation and firm innovation: International evidence ［J］. Journal of Corporate Finance, 2021, 70: 102070.

［236］ 赵曙明．员工素质、协作性、积极性与绩效的关系：三种资本整合的视角［J］．管理世界，2012（10）：178－179.

［237］ Demerjian P R, Lev B, Lewis M F, et al. Managerial ability and earnings quality ［J］. The Accounting Review, 2013, 88 (2): 463－498.

［238］ Amore M D, Bennedsen M, Larsen B, et al. CEO education and corporate environmental footprint ［J］. Journal of Environmental Economics and Management, 2019, 94: 254－273.

［239］ Call A C, Campbell J L, Dhaliwal D S, et al. Employee quality and financial reporting outcomes ［J］. Journal of Accounting and Economics, 2017, 64 (1): 123－149.

［240］ Friede G, Busch T, and Bassen A. ESG and financial performance: aggregated evidence from more than 2000 empirical studies ［J］. Journal of Sustainable Finance and Investment, 2015, 5 (4): 210－233.

［241］ El Ghoul S, Guedhami O, Kim H, and Park K. Corporate environmental responsibility and the cost of capital: International evidence ［J］. Journal of Business Ethics, 2018, 149 (2): 335－361.

［242］ Dunn J, Fitzgibbons S, and Pomorski L. Assessing risk through environmental, social and governance exposures ［J］. Journal of Investment Management, 2018, 16 (1): 4－17

［243］ Dvouletý O, Blažková I, Potluka O. Estimating the effects of public subsidies on the performance of supported enterprises across firm sizes ［J］. Research Evaluation, 2021, 30 (3): 290－313.

[244] 刘亚伟，翟华云，张兆国．纵向行政管理结构与企业全要素生产率［J］．会计研究，2021（10）：108－125.

[245] Hopenhayn H A. Firms, misallocation, and aggregate productivity: A review [J]. Annual Review of Economics, 2014, 6 (1): 735－770.

[246] Caggese A, Cuñ at V. Financing constraints, firm dynamics, export decisions, and aggregate productivity [J]. Review of Economic Dynamics, 2013, 16 (1): 177－193.

[247] Roychowdhury S, Shroff N, Verdi R S. The Effects of Financial Reporting and Disclosure on Corporate In－vestment: A Review [J]. Journal of Accounting and Economics, 2019, 68 (2－3): 1－27.

[248] 姚立杰，陈雪颖，周颖，等．管理层能力与投资效率［J］．会计研究，2020（04）：100－118.

[249] Levinsohn J, Petrin A. Estimating production functions using inputs to control for unobservables [J]. The Review of Economic Studies, 2003, 70 (2): 317－341.

[250] 鲁晓东，连玉君．中国工业企业全要素生产率估计：1999—2007［J］．经济学（季刊），2012（02）：541－558.

[251] Olley S, Pakes A. The dynamics of productivity in the telecommunications equipment industry [J]. NBER, 1996 (1): 1－61.

[252] Wooldridge J M. On estimating firm－level production functions using proxy variables to control for unobservables [J]. Economics Letters, 2009, 104 (3): 112－114.

[253] 徐倩．不确定性、股权激励与非效率投资［J］．会计研究，2014（03）：41－48.

[254] 陈效东，周嘉南，黄登仕．高管人员股权激励与公司非效率投资：抑制或者加剧？［J］．会计研究，2016（07）：42－49.

[255] Peters G F, Romi A M. The association between sustain-

ability governance characteristics and the assurance of corporate sustainability reports [J]. Auditing: A Journal of Practice & Theory, 2015, 34 (1): 163 -198.

[256] Dhaliwal D S, Radhakrishnan S, Tsang A, et al. Nonfinancial disclosure and analyst forecast accuracy: International evidence on corporate social responsibility disclosure [J]. The Accounting Review, 2012, 87 (3): 723 -759.

[257] Huang H H, Kerstein J, Wang C. The impact of climate risk on firm performance and financing choices: An international comparison [J]. Journal of International Business Studies, 2018, 49 (5): 633 -656.

[258] 唐国平，李龙会，吴德军．环境管制、行业属性与企业环保投资 [J]. 会计研究，2013 (06): 83 -89.

[259] 李百兴，王博，卿小权．企业社会责任履行、媒体监督与财务绩效研究——基于 A 股重污染行业的经验数据 [J]. 会计研究，2018 (07): 64 -71.

[260] Bolton P, and Kacperczyk M. Do investors care about carbon risk? [J]. Journal of Financial Economics, 2021, 142 (2): 517 -549.

[261] 黄溶冰．企业漂绿行为影响审计师决策吗? [J]. 审计研究，2020 (03): 57 -67.

[262] 林毅夫，刘明兴，章奇．政策性负担与企业的预算软约束：来自中国的实证研究 [J]. 管理世界，2004 (08): 81 -89 + 127 -156.

[263] 沈洪涛．公司特征与公司社会责任信息披露——来自我国上市公司的经验证据 [J]. 会计研究，2007 (03): 9 -16.

[264] 刘媛媛，田言．财务报表误述、误述风险与自愿性信息披露——基于企业社会责任报告的证据 [J]. 会计研究，2019 (04): 26 -35.

[265] Tian Z, Hafsi T, Wu W. Institutional determinism and political strategies: An empirical investigation [J]. Business & Society, 2009, 48 (3): 284-325.

[266] Xun J. Corporate social responsibility in China: A preferential stakeholder model and effects [J]. Business Strategy and the Environment, 2013, 22 (7): 471-483.

[267] 李瑾. 我国A股市场ESG风险溢价与额外收益研究 [J]. 证券市场导报, 2021 (06): 24-33.

[268] Pástor L, Stambaugh R F, Taylor L A. Sustainable investing in equilibrium [J]. Journal of Financial Economics, 2021, 142 (2): 550-571.

[269] Gao L, Zhang J H. Firms' earnings smoothing, corporate social responsibility, and valuation [J]. Journal of Corporate Finance, 2015 (32): 108-127.

[270] Chang C H, Chen S S, Chen Y S, et al. Commitment to build trust by socially responsible firms: Evidence from cash holdings [J]. Journal of Corporate Finance, 2019, 56: 364-387.

[271] Hsu K T. The advertising effects of corporate social responsibility on corporate reputation and brand equity: Evidence from the life insurance industry in Taiwan [J]. Journal of Business Ethics, 2012, 109 (2): 189-201.

[272] Cahan S F, Chen C, Chen L, et al. Corporate social responsibility and media coverage [J]. Journal of Banking and Finance, 2015 (59): 409-422.

[273] Seltzer L H, Starks L, Zhu Q. Climate regulatory risk and corporate bonds [R]. National Bureau of Economic Research, 2022.

[274] Edmans A. Does the stock market fully value intangibles? Employee satisfaction and equity prices [J]. Journal of Financial Eco-

nomics, 2011, 101 (3): 621 -640.

[275] Cui B, Docherty P. Stock Price Overreaction to ESG Controversies. 2020. Available at SSRN: https: //ssrn. com/abstract =3559915 or doi. org/10. 2139/ - ssrn. 3559915.

[276] Shin K Y. Corporate social responsibility reporting in China [M]. Heidelberg: Springer, 2014.

[277] Capelle - Blancard G, Petit A. Every little helps? ESG news and stock market reaction [J]. Journal of Business Ethics, 2019, 157 (2): 543 -565.

[278] Hong H, Kostovetsky L. Red and blue investing: Values and finance [J]. Journal of Financial Economics, 2012, 103 (1): 1 -19.

[279] 李安泰，张建宇，卢冰．机构投资者能抑制上市公司商誉减值风险吗？——基于中国 A 股市场的经验证据［J］．金融研究，2022 (10): 189 -206.

[280] Aggarwal R, Erel I, Ferreira M, et al. Does governance travel around the world? Evidence from institutional investors [J]. Journal of Financial Economics, 2011, 100 (1): 154 -181.

[281] Velte P. Which institutional investors drive corporate sustainability? A systematic literature review [J]. Business Strategy and the Environment, 2023, 32 (1): 42 -71.

[282] Baron R M, Kenny D A. The moderator - mediator variable distinction in social psychological research: Conceptual, strategic, and statistical considerations [J]. Journal of Personality and Social Psychology, 1986, 51 (6): 1173.

[283] Aboody D, Even - Tov O, Lehavy R, et al. Overnight returns and firm - specific investor sentiment [J]. Journal of Financial and Quantitative Analysis, 2018, 53 (2): 485 -505.

［284］ Levinson A. Technology, international trade, and pollution from US manufacturing ［J］. American Economic Review, 2009, 99 (5): 2177 -2192.